《蜀道研究文库》编纂机构

一、《蜀道研究文库》编纂委员会

顾　问：王子今　孙　华

主　任：陈　涛

副主任：罗建新　熊　梅　金生杨

委　员：蔡东洲　陈　洪　段　渝　冯岁平　伏俊琏　高大伦
　　　　高天佑　郭声波　蒋晓春　蓝　勇　李　健　李久昌
　　　　李永春　李勇先　梁中效　廖文波　刘清扬　刘志岩
　　　　马　强　聂永刚　彭邦本　祁和晖　孙启祥　谭继和
　　　　万　娇　王　川　王　蓬　王仁湘　王小红　王　毅
　　　　王元君　谢元鲁　严正道　杨永川　赵　静

二、《蜀道遗产丛书》编纂委员会

顾　问：王子今　孙　华

主　任：陈　涛

副主任：罗建新　熊　梅　金生杨

委　员：伏俊琏　符永利　高大伦　高天佑　郭洪义　郭声波
　　　　李　军　梁中效　廖文波　刘显成　马　强　彭邦本
　　　　邱　奎　苏海洋　王　川　王佑汉　王元君　胥　晓
　　　　严正道

陈涛 ◉ 主编

SHUDAO RESEARCH INSTITUTE

蜀道南段调查报告

（2017—2018）

蒋晓春
邱瑞彬
罗洪强
蔡东洲 著

四川人民出版社

图书在版编目（CIP）数据

蜀道南段调查报告. 2017—2018 / 蒋晓春等著.
成都：四川人民出版社，2024. 10. -- ISBN 978-7-220-
13707-5
　Ⅰ. K928.6
　中国国家版本馆CIP数据核字第20249HK758号

SHUDAO NANDUAN DIAOCHA BAOGAO (2017—2018)

蜀道南段调查报告（2017—2018）

蒋晓春　邱瑞强　罗洪彬　蔡东洲　著

出 版 人	黄立新
策划统筹	邹　近
责任编辑	张东升　勒静宜
责任校对	蒋东雪
封面设计	李其飞
版式设计	张迪茗
责任印制	周　奇

出版发行	四川人民出版社（成都三色路238号）
网　　址	http：//www.scpph.com
E-mail	scrmcbs@sina.com
新浪微博	@四川人民出版社
微信公众号	四川人民出版社
发行部业务电话	（028）86361653　86361656
防盗版举报电话	（028）86361653
制　　版	四川胜翔数码印务设计有限公司
印　　刷	成都国图广告印务有限公司
成品尺寸	185mm×260mm
印　　张	17
字　　数	272千
版　　次	2024年10月第1版
印　　次	2024年10月第1次印刷
书　　号	ISBN 978-7-220-13707-5
定　　价	92.00元

《蜀道遗产丛书》序一

王子今

　　交通史和文明史有密切的关系。回顾中国古代交通史，可以看到交通系统的完备程度和通行效率在一定意义上决定性地影响着国家的版图规模、行政效能和防御能力。交通系统是统一国家形成与存在的重要条件。社会生产的发展也以交通发达程度为必要基础。生产工具的发明、生产技术的革新以及生产组织管理方式的进步，通过交通条件可以实现传播、扩大影响、收取效益，从而推动整个社会的全面进步。相反，在不同社会空间相互隔绝的情况下，有些发明往往"必须重新开始"。世界历史进程中屡有相当发达的生产力和曾经灿烂的文明由于与其他地区交通阻断以致衰落毁灭的事例。[①]从社会史、文化史的视角考察，可以发现交通网的布局、密度和效能，决定了文化圈的范围和规

[①]　马克思和恩格斯指出："某一个地方创造出来的生产力，特别是发明，在往后的发展中是否会失传，取决于交往扩展的情况。当交往只限于毗邻地区的时候，每一种发明在每一个地方都必须重新开始；一些纯粹偶然的事件，例如蛮族的入侵，甚至是通常的战争，都足以使一个具有发达生产力和有高度需求的国家处于一切都必须从头开始的境地。在历史发展的最初阶段，每天都在重新发明，而且每个地方都是单独进行的。发达的生产力，即使在通商相当广泛的情况下，也难免遭到彻底的毁灭。关于这一点，腓尼基人的例子就可以说明。由于腓尼基民族被排挤于商业之外，由于亚历山大的征服以及继之而来的衰落，腓尼基人的大部分发明长期失传了。另外一个例子是中世纪的玻璃绘画术的遭遇。只有在交往具有世界性质，并以大工业为基础的时候，只有在一切民族都卷入竞争的时候，保存住已创造的生产力才有了保障。"（《德意志意识形态》，《马克思恩格斯全集》第三卷，人民出版社1960年版，第61—62页）

模，甚至交通的速度也明显影响着社会生产和社会生活的节奏。

马克思和恩格斯非常重视"生产"对于历史进步的意义，而且曾经突出强调"交往"的作用。他们认为："……而生产本身又是以个人之间的交往为前提的。这种交往的形式又是由生产决定的。"他们明确指出："各民族之间的相互关系取决于每一个民族的生产力、分工和内部交往的发展程度。这个原理是公认的。然而不仅一个民族与其他民族的关系，而且一个民族本身的整个内部结构都取决于它的生产以及内部和外部的交往的发展程度。"①在论说"生产力"和"交往"对于"全部文明的历史"的意义时，他们甚至曾经采用"交往和生产力"的表述方式。②"交往"置于"生产力"之前。这里所说的"交往"，其实与通常所谓"交通"近义。有交通理论研究者认为："交通这个术语，从最广义的解释说来，是指人类互相间关系的全部而言。"③所谓"人类互相间关系的全部"，可以理解为"交往"。我们引录的马克思、恩格斯《德意志意识形态》一书中所说的"交往""交往史"，有的译本就直接译作"交通""交通史"，比如1947年出版的郭沫若译《德意志意识形态》就是如此。④

在有关中国古代交通的历史文化记忆中，"蜀道"因克服秦岭巴山地理阻隔，对于经济交流、文化联络、政令宣达、军事进退等方面的重要作用，乃至线路设计、工程规划、修筑施行、道路养护等方面组织水准所体现的领先性、代表性和典型性，具有特殊的意义。

对"蜀道"定义的准确理解，曾经存在不同的意见。有一种认识，以为"蜀道"有广义和狭义两说。前者指所有交通蜀地的道路，后者指穿越秦岭巴山联系川陕的道路。甚至还可以看到"蜀道"即"蜀中的道路"或"蜀地"的

---

① 马克思、恩格斯：《德意志意识形态》，《马克思恩格斯全集》第三卷，人民出版社1960年版，第24页。

② 马克思、恩格斯：《德意志意识形态》，《马克思恩格斯全集》第三卷，人民出版社1960年版，第56—57页。

③ 鲍尔格蒂（R.von der Borght）：《交通论》（*Das Verkehrswesen*），转引自余松筠编著：《交通经济学》，商务印书馆1937年版，第6页。

④ 马克思、恩格斯合著，郭沫若译：《德意志意识形态》（郭沫若译文集之五），群益出版社1947年版，第105、63页。

道路这样的解说。^①其实，长期以来在文化史上成为社会共识的"蜀道"的定义，久已确定为川陕道路。

虽然南北朝时期古乐府以"蜀道难"为主题的某些作品，或言"巫山七百里，巴水三回曲"^②，"建平督邮道，鱼复永安宫"^③，似均以巫峡川江水路言"蜀道"，但这是因为南朝行政中心处于长江下游。南朝人所谓"蜀道"自然主要是指"巫山""巴水"通路。其他关于"蜀道"的误识，有些也发生于南北分裂为背景的历史阶段。其实，"蜀道"既不是"蜀中的道路"，也不是所有的"入蜀道"，而是在特定交通史阶段形成的具有比较明确指向的交通线路，即穿越秦岭巴山的川陕道路。在秦以后形成的高度集权的统一王朝管理天下的政治格局中，国家行政中枢联系蜀地的交通道路即所谓"蜀道"，定义是大体明确的。

历史文献较早言及"蜀道"的明确例证，有《史记》卷八《高祖本纪》的记载。项羽分封十八诸侯，"立沛公为汉王"时，为敷衍楚怀王，"与诸将约，先入定关中者王之"^④，说"巴、蜀"也是"关中地"。这一策略，其内心真实的出发点其实是"巴、蜀道险"："项王、范增疑沛公之有天下，业已讲解，又恶负约，恐诸侯叛之，乃阴谋曰：'巴、蜀道险，秦之迁人皆居蜀。'乃曰：'巴、蜀亦关中地也。'故立沛公为汉王，王巴、蜀、汉中，都南郑。"^⑤又如《后汉书》卷三六《张霸传》记载张霸遗嘱关于葬事的安排："今蜀道阻远，不宜归茔，可止此葬，足藏发齿而已。务遵速朽，副我本心。"张霸"蜀郡成都人也"，时在洛阳生活。^⑥由所谓"巴、蜀道险"与"蜀道阻远"可知，在政治文化重心位于黄河流域的统一时代，"蜀道"词语

---

① 有的辞书有这样的解释："【蜀道】蜀中的道路。亦泛指蜀地。"（汉语大词典编辑委员会、汉语大词典编纂处编纂：《汉语大词典》第8卷，汉语大词典出版社1991年版，第1036页）

② 《艺文类聚》卷四二引南朝梁简文帝《蜀道难曲》。

③ 《乐府诗集》卷四〇梁简文帝《蜀道难二首》其一。

④ 《史记》卷八《高祖本纪》："赵数请救，怀王乃以宋义为上将军，项羽为次将，范增为末将，北救赵。令沛公西略地入关。与诸将约，先入定关中者王之。""汉王数项羽曰：'始与项羽俱受命怀王，曰先入定关中者王之，项羽负约，王我于蜀汉……'"（中华书局1982年版，第356、376页）

⑤ 《史记》卷七《项羽本纪》，中华书局1982年版，第316页。

⑥ 《后汉书》卷三六《张霸传》，中华书局2000年版，第1241—1242页。

的指向原本是明朗的。

深化蜀道研究，有必要开阔学术视界，探索和说明蜀道在世界文明史中的意义。

与其他世界古代文明体系的主要河流大多为南北流向不同，中国的母亲河黄河与长江为东西流向（樊志民说）。而黄河流域文化区与长江流域文化区之间，在西段存在着秦岭这一地理界隔，形成了明显的交通阻障。自远古以来先民开拓的秦岭道路成为上古时代交通建设的伟大成就。

秦占有巴蜀，成为后来"唯秦雄天下"[①]，"秦地半天下"[②]，最终实现"秦并天下"[③]，"灭诸侯，成帝业，为天下一统"[④]的重要条件。秦统一天下改变了世界东方的政治文化格局。这一体现了显著世界史意义的历史进程，是以蜀道开通为基本条件的。

蜀道成就了秦汉"大关中"形势的出现。当时的"大关中"即司马迁所划分四个基本经济区之一的所谓"山西"地方[⑤]，成为当时东方世界的政治、经济、文化重心。[⑥]这一情形直到王莽"分州正域"[⑦]，规划"东都"[⑧]，方才改变。

李学勤《东周与秦代文明》划分东周时期的中国为7个文化圈。[⑨]蜀道实现了其中"秦文化圈"与"巴蜀滇文化圈"的直接的交通联系，使得黄河中游的中原地区与长江上游的西南地区融汇为一个文化区。蜀道的进一步延伸即"西

① 《史记》卷八三《鲁仲连邹阳列传》，中华书局1982年版，第2459页。

② 《史记》卷七〇《张仪列传》，中华书局1982年版，第2289页。

③ 《史记》卷二八《封禅书》，第1366页；卷三七《卫康叔世家》，第1605页；卷八六《刺客列传》，第2536页。

④ 《史记》卷八七《李斯列传》，中华书局1982年版，第2540页。

⑤ 《史记》卷一二九《货殖列传》，中华书局1982年版，第3253页。

⑥ 王子今、刘华祝：《说张家山汉简〈二年律令·津关令〉所见五关》，《中国历史文物》2003年第1期；王子今：《秦汉区域地理学的"大关中"概念》，《人文杂志》2003年第1期。

⑦ 《汉书》卷九九中《王莽传中》，中华书局1962年版，第4128页。

⑧ 《汉书》卷九九中《王莽传中》："其以洛阳为新室东都，常安为新室西都。"（中华书局1962年版，第4128页）王子今：《西汉末年洛阳的地位和王莽的东都规划》，《河洛史志》1995年第4期。

⑨ 李学勤：《东周与秦代文明》，上海人民出版社2007年版，第10—11页。

南夷"道路以及"西夷西"道路的开通①，打开了有学者称作西南丝绸之路的国际通道。②而敦煌入蜀道路也可以看作西北丝绸之路的支线。③蜀道研究因而也是丝绸之路史研究不宜忽视的学术主题。

为推进蜀道研究的学术进步，蜀道研究院组织了《蜀道遗产丛书》，内容包括文化遗产类和自然遗产类两部分，涉及历史学、文学、考古学、艺术学、文献学、生物学等学科方向，确实实现了多学科的结合。这些论著体现出值得肯定的学术水准。该丛书对蜀道研究的学术进步实现了有力的推促。学术质量和工作效率，都值得学界诚心敬重。

读者面前的《蜀道遗产丛书》第一辑，其编订与出版，无疑是应当得到高度赞赏的新的学术贡献。对于今后蜀道的考察和研究而言，学术基点提升到了新的高度。学术视野的开阔，学术方式的更新，学术认识的拓进，均可以因此得到新的启示。

捧读这些优秀的学术成果，对于今后蜀道研究的学术进步，可以有更为乐观的预期。

王子今

2024年6月10日，甲辰端午

于山东滕州旅次

---

① 王子今：《汉武帝"西夷西"道路与向家坝汉文化遗存》，《四川文物》2014年第5期。

② 王子今：《海西幻人来路考》，《秦汉史论丛》第8辑，云南大学出版社2001年版。

③ 王子今：《说敦煌马圈湾简文"驱驴士""之蜀"》，《简帛》第12辑，上海古籍出版社2016年版；《河西"之蜀"草原通道：丝路别支考》，《丝绸之路研究集刊》第1辑，商务印书馆2017年版。

《蜀道遗产丛书》序二

陈　涛

一

　　蜀道是中国古代从关中平原穿越秦岭、巴山到达四川盆地的道路交通体系，其沿线拥有喀斯特、丹霞等特殊地貌和壮观的自然景观，分布着具有全球意义的生物多样性保护区域，留存着诸多重要历史文化遗址遗迹，已成功入选"世界自然与文化遗产预备名录"。

　　千年古蜀道，半部华夏史。蜀道沟通四川盆地与中原地区，连接长江文明和黄河文明，连通南北丝绸之路，奠定中国古代盛世的坚实基础，促进中华多族群、多区域、多元一体文明格局的形成，见证古代中国与世界其他文化的交往交流交融，彰显中华民族"因地制宜"智慧与"开拓进取"精神。作为一条贯通中国南北的大动脉，蜀道在历史上的政治、经济、文化、社会、生态等方面的作用是巨大的，其不仅对中国历史演变有重大影响，在世界文明史中也有着十分重要的意义。

　　蜀道是一条国家统一之路，对于沟通中原与西南地区、维护国家统一发挥着巨大作用。周武王伐纣，实得巴蜀之师；秦据巴蜀，终并六国；楚汉相争，刘邦任萧何留守巴蜀，东定三秦；三国鼎立，诸葛亮以汉中为基地，创造以攻为守的军事奇迹；隋末李渊起兵晋阳、夺取关中后，取巴蜀，收荆襄，奠定唐开国的后方基地；北宋先取四川，后定江南。蜀道在不同历史时期对于维护国家统一都发挥着不可替代的作用。

蜀道是一条富庶发展之路，对历史上巴蜀与外界的贸易交流影响深远。四川盆地与关中平原在中国历史上是两个开发最早、最为繁荣的经济区，都赢得了"天府之国"的美名，这两大经济区，通过蜀道很好地联系起来，在立国安邦中起到了巨大作用。所以，陈子昂曾说："蜀为西南一都会，国之宝府，又人富粟多，浮江而下，可济中国。"杜甫在安史之乱后也说："河南、河北、贡赋未入。江淮转输，异于曩时。唯独剑南，自用兵以来，税敛则殷，部领不绝，琼林诸库，仰给最多，是蜀之土地膏腴，物产繁富，足以供王命也。"中国最早的纸币——交子，便是宋代蜀道经济带茶马、茶盐贸易的结晶。在漫长的历史时期，蜀道促进了巴蜀与关中经济的互通与发展。

蜀道是一条文明交融之路，在通衢南北的历史长河中，促进了多种文化的交流融合，留下诸多珍贵的历史文化遗产。凭借蜀道，巴蜀文化穿岷山越秦岭，迤逦北上，徜徉于三秦大地，并折而东向，与中原文化密切交流，成为中国重要的地域文化。"栈道千里，无所不通"，蜀道打通了南北两条丝绸之路，让蜀地成为古代中外文化、经济交流的核心地带之一。蜀道的存在，使黄河和长江两大文明得以交汇，从而加速了巴蜀与汉中、关中乃至全国各地经济文化的联系，促进了商品经济发展和城市繁荣，并形成汉唐时期沿蜀道繁华的城市经济带。除此之外，蜀道上众多的历史遗存与文化景观，构成了规模大、时间长、内涵丰富且独具特色的蜀道文化遗产，不仅是中国古代交通史的重要见证，更是触摸古代历史文化的必要脉搏。例如蜀道上的关隘，南起成都，北至汉中，有绵竹关、白马关、涪关、瓦口关、剑门关、白水关、葭萌关、天雄关、飞仙关、朝天关、阳平关、七盘关等，不少栈道、关隘上都有悲壮的历史故事和重要的遗迹，如刘邦、韩信明修栈道、暗度陈仓；两汉之际公孙述进攻关陇；三国时诸葛亮两次于斜谷设疑兵而主力出祁山、陈仓，姜维在剑门关拥兵死守而迫使进攻之敌改道入川；南宋军民在大散关英勇抵抗金兵的多次猛攻；蒙古拖雷部攻克武休关而陷汉中；等等，都显示出蜀道关隘遗址是蜀道历史文化的重要见证，成为宝贵的古代交通与军事文化遗产。

蜀道是一条绿色生态之路，沿线拥有优美壮观的自然景观，是我国重要的生物多样性保护地与濒危物种栖息地。蜀道沿线分布有秦岭太白山国家森林公园、米仓山国家森林公园、天曌山国家森林公园、剑门关国家森林公园，还有近万株古柏组成的翠云长廊，森林内有各种奇特的自然景观及珍稀的野生动植物资源。蜀道上地表奇秀的峰丛、石林、峡谷景观，独特的喀斯特地貌，以及保存完整、品种众多、面积最大的水青冈群落，都极具美学价值和保护价值。传承几百年的"古柏离任交接制度"，时至今日仍传承发扬，闪耀着生态环境保护的历史光芒。蜀道的发展史、保护史，都完全凸显了古蜀道是尊崇环保、发展生态的突出范例。

蜀道作为出入四川尤其是西蜀与中原之间的黄金通道，千百年来，络绎不绝的各色人等来来往往，川流不息。尤其是传播佛、道信仰的高僧、高道们，他们或从中原入蜀，或从蜀道出川，一路上留下了大量的石窟造像、石刻雕塑、建筑壁画等珍贵的艺术品，从而使得蜀道沿线地区又成为宗教遗产的密集区。

历经数千年历史风云积淀的蜀道上，还遗存着丰富的古城、古镇、古村、古寨等，它们具有多彩的形态、古朴的民风、独特的建筑风格和深厚的文化底蕴，是映射中华民族文化之光的聚落，可谓古蜀道上一颗颗闪亮的明珠。这些古代聚落很好地实现了历史继承与时代递变的和谐发展，成为当今蜀道沿线重要的人文景观，颇具文化和旅游价值。

蜀道盘旋于秦岭、巴山间，高山峡谷，道阻且长。人们凿山筑栈，架桥渡水，采用不同工程技术，克服重重障碍，连通巴蜀与中原，天堑变通途。从春秋战国的"巴蜀苴秦地缘"，到"五丁开道"，再到唐代诗人李白的《蜀道难》，这条中国古代从关中平原穿越秦岭、翻越巴山，到达四川盆地的交通大动脉，以险峻闻名遐迩。千年前，面对古蜀道逼仄崎岖，部分路段甚至被称为鸟道，蜿蜒盘旋于峭壁之上的环境，先民们为了贯通南北大地，以勤劳智慧和顽强意志，一点一滴寻求方法解决问题，一砖一石地成就了蜀道千年传承的辉煌。在生产力不发达的古代，不断探索和开拓未知领域，为了目标下定决心、不怕牺牲、排除万难去争取胜利，正是中华民族精神的具体体现和宝贵财富。

蜀道是人类历史上顺应自然、改造自然并与自然和谐共生的典范。纵观中华文明史，秦岭是中国几大基本地域文化区相互联系的最大的天然屏障，作为穿越秦岭的早期道路，蜀道是民族文化显现超凡创造精神和伟大智慧与勇力的历史纪念。在蜀道上诞生了世界上最早的人工隧道——石门，遗留下了蜿蜒的古栈道，遗留下了数量众多的关隘、驿铺和寨堡……遇山开山，修路铺道；遇水架设栈道，立柱修桥。这些蜀道上的历史文化遗迹无不处处体现着千百年来巴蜀民众不屈不挠、因地制宜、开拓进取的精神。

丰沛厚重、绮丽多姿的蜀道文化遗产与自然遗产，见证着中华文明突出的连续性、创新性、统一性、包容性、和平性，见证着中国百万年的人类史、一万年的文化史、五千多年的文明史，也见证着中华文明对世界文明进步所作出的重要贡献。

二

从商周之际算起，蜀道已有近三千年历史，相关研究多有开展，但真正学术意义上的蜀道研究是在中华人民共和国成立后才发展兴盛的。学界从考古调查、文献整理、历史文化、文学艺术、环境生态等层面展开蜀道研究，取得不少成绩，西华师范大学专家学者在此领域的成果尤其值得关注。

20世纪80年代，西华师范大学成立巴蜀文化研究所、区域经济研究所，关注蜀道遗产资源，推出了《巴蜀文化大典》《巴蜀佛教碑文集成》《巴蜀道教碑文集成》《司马相如集校注》《扬雄集校注》等系列成果，确立了研究方向。

2007年，西华师范大学组建西部区域文化中心，建设省社科基地，推出《巴蜀文学史》《巴蜀方志艺文篇目索引》《蜀鉴校注》等成果，蜀道研究全面展开，呈现出多学科、多领域齐头并进的趋势。

2017年，西华师范大学设立蜀道研究中心，承担蜀道申遗重大项目，推出蜀道研究领域中的首套大型文献丛书《蜀道行纪类编》，确立了其在蜀道研究领域中的领先地位。其后，相关研究人员先后承接国家社科基金重点项目、国家自然科学基金项目等国家级科研项目36项，横向科研项目49项，获得省科技进步奖、社会科学优秀成果奖等省级以上奖励21项，取得了较好的社会效益与经济效益。

2023年7月25日，习近平总书记考察广元翠云廊古蜀道期间，西华师范大学蔡东洲教授全程担纲讲解工作。其后，西华师范大学相关专家学者在中央电视台等30多家媒体上传播蜀道文化，其蜀道研究享誉海内外。2023年12月12

日，蜀道研究院正式揭牌，西华师范大学的蜀道研究开启了新篇章。

为深入学习习近平总书记来川视察重要指示精神，贯彻落实党中央和省委、省政府关于蜀道保护利用部署要求，推动蜀道考古调查、文献整理、生态保护等跨领域多学科研究，打造中国蜀道研究高地，蜀道研究院计划分期分批推出《蜀道遗产丛书》，集中呈现蜀道研究优秀成果，提供蜀道保护传承、创新利用、宣传普及、文旅融合、传播交流等工作的学术支持。

《蜀道遗产丛书》分为文化遗产和自然遗产两类。第一辑中，文化遗产类有《唐五代入蜀文人与蜀道诗研究》《唐宋蜀道文学研究》《蜀道南段调查报告（2017—2018）》《蜀道南段古代壁画遗珍》《米仓道巴州平梁城调查报告》《司马相如集校注与研究》6种；自然遗产类有《四川米仓山国家级自然保护区台湾水青冈的生存现状》《大熊猫研究》《四川唐家河国家级自然保护区生物多样性研究》《濒危植物水青树的保护生物学》4种。作者既有年届鲐背的李孝中先生，"国家哲学社会科学成果文库"入选者蔡东洲教授，大熊猫生态生物学研究奠基人和"中国大熊猫研究的第一把交椅"的胡锦矗先生，又有蜀道文学艺术研究领域的主力军严正道教授、伍联群教授、刘显成教授，蜀道生态研究领域的知名学者张泽钧教授、胥晓教授、甘小洪教授，以及蜀道考古领域的新秀罗洪彬博士等，充分体现出西华师范大学专家学者在蜀道研究领域薪火相继、代有传承、开拓进取的学术风范。

尺有所短，寸有所长，研究者的学术理念、研究方法有别，学养亦有差异，这些成果中也会存在引起讨论之处，恳请专家学者不吝赐教，齐心协力助推蜀道研究工作纵深发展，创建线性遗产保护研究传承典范，为奋力谱写中国式现代化四川新篇蜀道华章、建设中华民族现代文明作出贡献。

陈　涛

2024年6月18日

作者简介

 **蒋晓春** 安徽大学历史学院教授，博士生导师，安徽省学术和技术带头人，西华师范大学蜀道研究院学术委员会委员。出版《嘉陵江流域石窟寺调查及研究》《巴蜀地区宋蒙山城遗址调查与研究》等著作多部，在《考古》《文物》等刊物发表论文近百篇。

 **邱瑞强** 现就职于内江市张大千纪念馆，内江师范学院历史系兼职教师。主持《成渝古道内江段调查研究》《成渝东大路四川段沿线遗存调查研究》等项目。

 **罗洪彬** 现为西华师范大学讲师。出版《嘉陵江流域石窟寺调查及研究》《巴蜀宋元城堡——大良城》等著作，在《文物》《四川文物》等专业期刊发表论文10余篇。

 **蔡东洲** 西华师范大学教授、蜀道研究院学术委员会副主任、四川省学术和技术带头人，《清代南部县衙档案研究》等8项成果荣获四川省社会科学优秀成果等级奖，1项入选"国家哲学社会科学成果文库"。

目 录
CONTENTS

绪

言

蜀道是历史时期连通关中平原和四川盆地的古代道路,两端中心城市分别为西安和成都。蜀道包括秦岭山区的陈仓道、褒斜道、傥骆道、子午道和大巴山区的金牛道、米仓道、荔枝道,以及穿越陇南进入巴蜀的阴平道。以汉中为界,以北为蜀道北段,以南为蜀道南段。

2017年,西华师范大学蜀道研究院与四川省交通运输厅交通史志总编室合作开展"蜀道申报世界文化遗产系列课题研究",其中一项最重要内容就是对蜀道南段进行考古调查。西华师范大学蜀道研究院和历史文化学院师生组建了以蒋晓春教授为负责人的"蜀道南段考古调查"课题组。

课题组分头搜集了文物考古材料、历史文献、研究论著,对蜀道、蜀道南段有了更加细致深入的认识,在此基础上制定了调查计划。本次蜀道南段调查涉及的古道有阴平道、金牛道、米仓道、荔枝道4条,其中金牛道在历史上的地位最为重要,保留遗存也最为丰富,荔枝道则相反。为了探索和积累经验,我们选择了荔枝道作为第一个调查对象,次为米仓道、阴平道和金牛道。

为获取科学翔实的调查资料,课题组以西华师范大学考古学一级学科硕士点为支撑,配备了完备的调查工具,包括越野车、无人机、数码相机、激光测距仪等。在技术路线方面,按照现代考古学理念,在坚持传统考古学调查要求的基础上做了一些新的探索。如以往的蜀道调查多关注道路本体,对相关遗存重视不够。我们认为,蜀道本体固然重要,但蜀道沿线密切相关的文物古迹(关隘、驿站、店铺、石窟、碑刻等)、场镇村落、风土人情、自然环境等有助于阐释蜀道,因此在调查中也予以了不同程度的关注。

在2017年到2018年的两年间,课题组利用节假日和上课间隙,对蜀道南段四条道路进行了全面调查。参与调查的教师有蒋晓春、蔡东洲、金生杨、熊梅、胡宁、罗洪彬、黄涓、魏晓莉、常青青等,学生有邱瑞强、李龙、汪建辉、刘超、林邱、李修正等。这些学生均为西华师范大学考古学、历史学的硕士研究生,他们不仅搜集相关资料,也参与实地调查及室内整理和报告撰写,为本课题的完成立下了汗马功劳。此外，四川省交通运输厅交通史志总编室黄登明、王谦、蒋君兰、杨颖、钟文等老师也参与了调查相关工作。

在野外调查的同时，我们对所得调查材料进行了及时整理，野外工作结束后，在前期整理基础上迅速转入相关研究和报告撰写，于2018年12月完成了调查报告撰写工作，2019年1月连同其他两个子课题成果一起通过了四川省交通运输厅组织的专家组的鉴定和验收。

由于种种原因，此次蜀道南段的调查报告一直未能面世。五年时间过去，现在回头审视当年的调查工作和报告，我们也认为在调查规范、技术手段、研究深度等方面都存在明显不足，而且由于调查的粗疏，报告也存在不足甚至错讹之处。但考虑到该报告作为一次较大规模的蜀道专项调查结果，真实记录了当时的文物古迹状况，无疑也具有一定的学术价值和现实意义，因而课题组决定组织原班人马，由蒋晓春教授负责全面修订完善该调查报告并予以出版，期冀有益于蜀道的考古、研究和保护工作。

本报告是集体合作的结晶。罗洪彬、李修正撰写了米仓道调查初稿，邱瑞强撰写了金牛道、荔枝道、阴平道调查初稿，蒋晓春对初稿进行了整合、修改并撰写了初步认识部分。在确定出版后，蒋晓春对原报告进行了较大幅度的修订和增补，并由邱瑞强绘制、处理了线图并补充了照片，安徽大学历史学院钟倩、孟慧敏两位同学也对报告文字进行了校订。报告所用照片主要由蒋晓春、罗洪彬拍摄。蔡东洲教授作为总课题负责人，自始至终关心报告的进展并对报告进行了审核。

本次调查工作从根本性质来说，还是属于摸底调查，目的在于为更全面的调查奠定基础，因此在尽可能照顾到全面的基础上对部分路段有所侧重，对一些较知名的文物点未做详细调查和记录，反而对学界了解较少的米仓道和荔枝道给予了更多关注。报告撰写过程中，虑及调查到的一些文物古迹比较知名，或规模庞大或已有详细资料披露，如平武报恩寺、绵阳平阳府君阙、广元千佛崖石窟等，无必要在此报告中详加介绍，故只予以略述，而对其他不知名材料则进行详述，以期详略得当，重点突出。

第一章

金牛道（勉县至梓潼段）

一、概况

金牛道又名石牛道，是蜀道交通的主动脉。秦汉以来一直作为主要的官驿路使用。关于金牛道的开通有"石牛便金"和"五丁开道"的传说，根据现存文献记载和出土文物的研究，众多学者认为至少在商周时期，金牛道就已经通行。金牛道作为一条驿路，在两汉时期称为石牛道，至唐代中期改称金牛道，一直延续到近现代时期。

金牛道北起汉中平原西侧的勉县武侯镇，翻越大巴山至成都，全长约600公里。根据金牛道行程区域的古道类型、遗存分布及地理环境等条件，将金牛道勉县至梓潼段划分为三段。

勉县至宁强为第一段。金牛道的北端位于汉中平原西侧山谷口处的武侯镇，汉江在此流入汉中平原，是入川的咽喉之地，也是汉末三国时期的阳平关所在地和宋代西县治所。秦汉时期，金牛道由此沿汉江山谷向西南行，在大安脱离汉江流域，继续沿山谷向西南，过代家坝后至阳平关进入嘉陵江水系，然后沿嘉陵江东岸前行，在燕子砭渡过嘉陵江后，沿大巴山余脉向西南行，过安乐河后在营盘和阴平道会合，然后沿白龙江到昭化。唐宋时期，金牛道在燕子砭不再渡嘉陵江西去，而是继续沿着嘉陵江东岸南下。嘉陵江在此蜿蜒流淌，切割山脉，两侧多悬崖峭壁，很多地方需要搭建栈道才能通行，其中最难通过的是朝天岭段，明月峡栈道即位于此。及至明清时期，蜀道中的栈道大批量地改修为碥道，金牛道北段不再沿嘉陵江东岸前行，改为沿山谷、山腰或山脊前行。这一时期，金牛道由勉县武侯镇沿汉江过大安之后，在烈金坝继续沿汉江向南行，不再沿山谷西去阳平关。金牛道沿山谷或山脊翻越五丁关和滴水铺后，顺云书溪到达宁强，再沿玉带河向西南行，翻越山脊至黄坝驿，然后沿山谷绕行至转斗铺，翻越七盘关后至中子铺，沿嘉陵江支流潜溪河至朝天岭。明清时期，驿道的改变导致里程的增加和翻山越岭的困难程度提升，但是碥道较栈道在稳定性方面有了大幅度的提高，交通运输能力随之提升。

金牛道勉县至宁强段的古道本体因为近现代公路与之重合多被毁坏，基本没有保存下来。沿线相关遗迹保存尚好，如宁强永惠门、重修汉源书院记碑、阳平关及三泉县遗址等。

朝天至昭化为第二段。秦汉时期，金牛道主路未通过朝天，在渡过燕子砭后，沿大巴山余脉的山谷向西南，过安乐河和枣树坪等地后，在营盘与阴平道会合，顺白龙江至昭化。唐宋时期，金牛道在燕子砭继续沿嘉陵江东岸前行，过大滩后至朝天岭，再南下广元。这一段因为嘉陵江两岸山峰险峻，多悬崖峭壁，驿路多由栈道通过。明清时期，金牛道在烈金坝改路南行后，过宁强后沿潜溪河入朝天峡，再沿嘉陵江南下至广元和昭化。广元和昭化位于嘉陵江与支流冲击形成的平坦阶地上，两地相距约10公里。昭化西南至剑门关段为丘陵地带，金牛道在昭化两河口开始沿山腰或山脊的石板路前行，过牛头山、云台山、青枫岭至剑门关，全长约30公里，这一段驿路保存较好，两侧保存有很多古柏树或古麻栎树，是蜀道之中保存较为完整的一段驿路。而且此段驿路是剑门关风景区的一个重要组成部分，近年一直处于使用和维护状态。

金牛道朝天至昭化段的古道本体保存较好，沿线相关遗存丰富，如朝天峡段的栈道遗址、昭化至剑门关段的石板路遗址、古柏树木、铁栓子桥等桥梁遗址、昭化古城遗址、天雄关遗址、千佛崖摩崖造像遗址等。

剑阁至梓潼为第三段。金牛道由青枫岭下坡，向南行至大剑山山谷。大剑山山谷全长约500米，宽50余米，两侧山崖由砾岩组成，悬崖峭壁如刀劈斧剁一般，剑门关即立于山谷之中。大剑山和小剑山是巴蜀北部最为重要的屏障，过剑门关后，再无高山险阻，开始进入四川盆地的丘陵地带。金牛道在此处沿着漫长的山腰或山脊通行，驿路大部分为石板铺砌而成。过汉阳、普安、武连、梓潼等地后，进入成都平原，然后向西南行，过绵阳至成都。

金牛道剑阁至梓潼段的古道本体保存下来的不多，古道两侧的古柏树却大批量地保存了下来，依据这些现存古柏的延伸方向，可较为清晰地判断出古代驿路的走向。明代中期，剑州知州李璧重修金牛道，在道路两旁广植柏树，这些古柏现在成为金牛道的重要组成部分。沿线相关遗存有剑门关、翠云廊、觉苑寺、七曲山大庙、鹤鸣山道教摩崖造像及摩崖题刻等。

课题组分别于2017年11月和2018年4月对金牛道展开了两次调查，涉及勉县、宁强、朝天、利州、昭化、剑阁、梓潼等县、区。

二、重要遗存介绍

根据两次对金牛道的实地考察，现将金牛道勉县至梓潼段的古道本体及沿线相关遗存分为七类：

古道本体。包括栈道、碥道[①]、石板路、古柏或古麻栎树及相关桥梁等，如明月峡栈道、金牛道昭化至剑阁段石板路、剑溪桥、铁栓子桥等。

关隘。金牛道作为巴蜀地区和外界沟通的主驿路，历代均在沿线设置关隘对驿路进行把控，如阳平关、天雄关、剑门关等。

古城。如昭化古城。

古建筑。如宁强永惠门、觉苑寺、七曲山大庙等。

石窟寺及摩崖造像。如千佛崖石窟、鹤鸣山道教石窟等。

碑刻题记。金牛道作为官驿，文化遗存丰富，道路沿线碑刻题记众多，记载内容丰富，如重建汉源书院记碑、千佛崖佛教题记、化险为夷摩崖题刻、指路碑等。

古墓葬。如宋代四室墓。

---

① 本报告将"碥道"与"石板路"做了区分。"碥路"指在基岩上开凿的路，其上不再铺垫石板或碎石，属于蓝勇先生所说的"碥路"中的"基岩开凿型"；石板路则不论路基情况，指路面铺设了石板的道路。蓝先生将石板路也划归碥路，并划分出多种类型。见蓝勇：《古代中国西南地区碥路类型研究》，《中国人文田野》第十一辑，巴蜀书社，2023年。

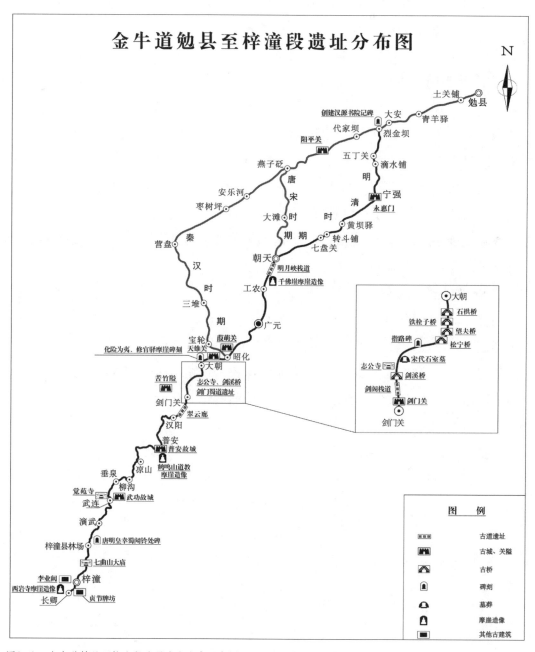

图1-1　金牛道勉县至梓潼段重要遗迹分布示意图

（一）古道本体

1. 明月峡栈道

明月峡栈道位于广元市朝天区朝天镇南约2公里，朝天峡的嘉陵江东岸。朝天峡原名漫天寨，因唐明皇西奔入蜀躲安史之乱而更名为朝天峡，峡长约4公里，宽约400米，峡东侧为朝天岭，西侧为火焰山，江边崖壁高约300米。嘉陵江在此处切断大巴山余脉，由北向南流淌，水流湍急，多有漩涡。明月峡栈道位于朝天峡中的清风峡和明月峡之间，全长约2公里，保存较好，和宝成铁路隔江相对，目前为全国重点保护单位。

明月峡古栈道遗存长约500米，现存栈孔2000余个，栈孔呈方形，边长40~50厘米，深约70厘米。栈孔一般呈上中下三层排列，上层为栈道棚，中层为栈道，下层为栈道支撑孔。其中老虎口处栈孔达6~7层之多。栈孔前后间距一般为2米左右，最宽处可达6米，最窄处有0.9米。栈孔上下间距3~4米。明月

图1-2 明月峡形势

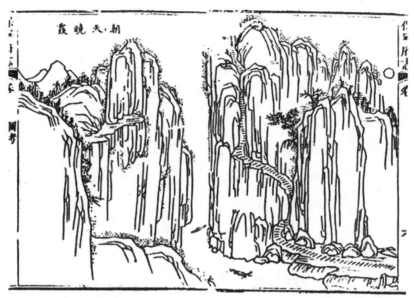

图1-3　（清）道光《保宁府志·图考》朝天晚霞

图1-4　明月峡栈道孔

峡栈道可分为两种形制，南段在悬崖峭壁上，因为河水湍急，无法树立垂直柱，故在栈道下凿孔立横梁托柱，即悬崖斜柱式；北段栈道位于悬崖峭壁上，有很多巨石位于江边，且栈道临于江面，无法开凿横柱，所以采用无柱式。

自1991年开始，广元市对明月峡栈道进行了部分修复，现已成功打造成为著名景区。

2. 昭化至剑阁段石板路

金牛道自昭化向西南行，在两河口处离开被嘉陵江和白龙江冲击的河漫滩，进入丘陵地貌，开始沿山腰或山脊的石板路行进。昭化至剑阁段驿路全程沿山腰或山脊的石板路通行，道路本体保存较好，存有不同时代叠压的现象。此路段为剑门关风景区的一部分，近年来一直使用和修整，驿路两侧保存有大量的古柏和古麻栎树木。

驿路由两河口沿山腰至天雄关，南行翻越牛头山至下新铺，过上新铺、新繁、周家湾、竹垭子，下至山谷中。东南行过王家桥，翻越云台山至大朝，再向南行，过铁栓子桥、松宁桥，向西南上青枫岭，过高庙铺在任家垭下行，然后由赵家坡下青枫岭至大剑山山谷，全程约30公里。根据遗存情况，将驿路分为四部分进行介绍。

（1）两河口至天雄关段

起始点位于白龙江与嘉陵江交汇的两河口（海拔630米），正对横向山脉，右侧为水坝，此处山峰为页岩质，有斜上30度走向。地势较平缓，道路宽约2米，由石板拼接而成，石板宽在0.7~1米，长约1.2米，厚约6~10厘米。

上行坡渐陡，阶梯开始出现，道路变宽，宽约2.5~2.6米，梯高约10~13厘米，此宽度已经达到驿道的标准。道路在山半腰行走，数次出现为减缓道路的起伏度而用土石方填充路基的情况。道路的阶梯

图1-5 昭化古城至天雄关驿路

图1-6　昭化至天雄关驿路门槛石

图1-7　昭化古城至天雄关驿路测量、记录

部位间断性出现门槛石，以防止道路石板滑落，此种做法为蜀道驿路的一大特色。道路转弯处以石板加宽路面，路宽在2.6~3.8米不等，能够有效地保证行人或马匹的转向，也可在此等盲区减少交通事故的发生。

石板路去天雄关一直为上坡路，行至中段，道路的坡度不断加大，石板路宽度在1.8~2.7米，梯步宽度在30~35厘米，梯高在10~15厘米。中间不断出现石板路的梯步宽度增加的现象，一般是普通梯步宽度的两倍。道路位于半山坡，有两处拦马墙，长度分别为40米和20米，高度约60厘米，由石块堆砌而成。

天雄关（海拔850米）附近有部分石板路为近年开发旅游时新建，路侧有拦马墙，风格及规格与古驿道明显不同。因为翻越天雄关后的牛头山道路时，路面垮塌，且荆棘满布，无法通过，只能绕行。

（2）下新铺至大朝段

由于牛头山段道路不通，调查组不得不由天雄关绕行至下新铺（海拔950米）。上、下新铺现为居民区，耕田将道路损毁，保存状况较差，道路从崖边翻越山峰，沿山脊行进，山顶海拔1038米。

图1-8　天雄关十里碑附近驿路

图1-9　天雄关山下驿路拦马墙

塘坊湾附近下山路段道路保存较好，路宽约2米，梯步宽约1.5米，梯高约15厘米，道路由山顶改向半山腰处行走，起伏较平缓，两侧有大量的古柏出现。此段道路由石板铺砌而成，有现代修补的痕迹，石板存在叠压现象，路宽2.8~3.3米。

驿路由竹垭子开始沿山坡下行至谷地。此段石板路保存相对较好，部分区域直接在基岩上铺砌，石块形状不规则，排列不整齐，石板间有宽20~40厘米，深5~10厘米的缝隙，为排水沟。路宽约2.4米，梯步宽50厘米，高15厘米。在道路左侧为石壁，有清代"化险为夷"摩崖题刻和明代修官驿摩崖题刻，道路右侧为悬崖。题刻前方驿路为清代后期修建，路宽1.1~1.4米，梯步宽约50厘米，高约30厘米。由小石板铺砌，石板表面粗糙，道路依地势而建，多利用基岩铺就，颇借巧力。概因民间出资补修，故形制较小，体现了蜀道在使用过程中的修补情况。

路往下行，由王家桥（海拔910米）过剑昭路，沿山腰前行。此段道路石板厚重，排列有序，山腰岩石裸露，部分区域利用基石开凿石梯，石梯中间多凹槽。路宽约1.6米，梯步宽60~80厘米，高约14厘米。山体表层为平整的基岩，坡度较缓，少见石梯开凿痕迹。山势下行，在道路两侧可以看见被拆卸下来的石板，应该是现代修补道路的遗留物。过云台山下行，即到大朝驿。

图1-10 塘坊湾附近驿路

图1-11 塘坊湾附近驿路测量记录

图1-12 塘坊湾附近驿路及拦马墙

图1-13 临近竹垭铺驿路

图1-14 竹垭铺

图1-15　竹垭子谷地驿路局部

图1-16　竹垭铺远望人头山

图1-17　王家桥附近驿路局部（1）

图1-18　王家桥附近驿路局部（2）

图1-19　白卫岭路亭

图1-20 云台山步道

（3）大朝至高庙铺段

大朝驿原名大木树驿（海拔840米），明天启四年（1624）以来即为金牛道上的重要驿站，现遗存有张家院子和大朝老街。大朝老街由石板铺砌而成，东西走向，老街长约150米，街面宽5.5米，老街路面中部平整，宽约2.4米，两侧为斜坡面，宽约1.5米。穿过大朝老街向东是一片高差较大的梯田，道路从梯田通过，石板倾斜严重，破坏较甚，由此下行向南过石拱桥，到达剑昭路。根据剑昭路两侧的古柏走向可以判断出石板路被剑昭路打破。

沿剑昭路南行约1公里至铁栓子桥，桥南路面出现叠压现象，石板路叠压在基岩开凿的梯路上。碥路路面宽约1.45米，梯步宽约80厘米，高约16厘米；石板路面宽约1.9米，梯步宽约54厘米，高约14厘米。铁栓子桥南约100米的剑昭路一侧为望夫桥（寡妇桥），望夫桥两侧路面有石板平铺，宽约2.7米，石板宽约1.5米，石板路左侧为小河，河中石头上有开凿的痕迹，应该是路面石板的采石处。沿小河前行，至松宁桥，过桥即离开河谷开始上坡，改行山腰。山势缓慢，路面宽2.7~3.3米，梯步宽0.6~1.75米，高20~25厘米。石板厚重，表面多有摩擦形成的凹槽，根据石板面的磨损状况不一，可以判断出此处的石板属于多个时代。梯步侧面多处存在门槛石。驿路多为石板平铺或利用基岩开凿，沿半山腰或山脊，一路上行至高庙铺（海拔830米）。

图1-21　大朝老街

图1-22　铁栓子桥附近驿路

图1-23　松宁桥附近驿路

图1-24　松宁桥至高庙
铺段驿路局部

图1-25　松宁桥至高庙铺
段驿路局部

（4）高庙铺至剑门关段

过高庙铺沿青枫岭山脊向西南行进，道路两侧多栽培古麻栎树。青枫岭上的石板路一部分被掩埋在土路的下方，深约20厘米，裸露部分的石板也多破碎成石片状，路宽2~2.6米，存在叠压现象。

由青枫岭至任家垭，山势逐渐下行，此处保存有近代驿站建筑——大岩里庄房，海拔880米，此处路宽约2.3米，梯步宽约60厘米，高12厘米，石板厚重，圆边，有磨槽。道路由东西向转为南北向，不断下坡，转角处遗存光绪年间指路碑一通。石板路在赵家坡与剑昭路交汇并重合，海拔640米，沿剑昭路向南3公里即到达剑门关。

图1-26 高庙铺

图1-27 高庙铺至剑门关驿路局部

图1-28　高庙铺至剑门
关段驿路局部

图1-29　高庙铺至剑门关
段驿路局部

图1-30　高庙铺至剑门关
段驿路垫高路基情况

图1-31　高庙铺望大剑山

3.驿道两侧古树

金牛道昭化至梓潼段的驿道两侧至今保存有大量古柏树和古麻栎树（青枫），据称有11000余株，以宋元明清时期古树为多，金牛驿道两侧种植大量的树木起到为通行商旅遮风乘凉和指引方向的作用。

金牛道昭化至梓潼段现存古树木已成为蜀道的重要组成部分，是研究蜀道的重要实物。昭化和剑阁等县区对道旁古树的年代进行了测量并制作悬挂古树名木保护标识牌，所测年代集中区

图1-32　剑昭路旁古柏树

图1-33　天雄关外的古柏

图1-34　高庙铺附近的古麻栎树

图1-35　翠云廊古柏林

图1-36　隆中对柏树径测量

域与史料所载大规模植树史实基本吻合。根据不同树龄古树的分布状况，大致可以分析出驿路在相应时期的变迁及改道等情况，具有重要研究价值，调查中通过对不同树龄古柏的观察，发现古驿道存在多处截弯取直的现象，以剑阁翠云廊北端最为明显。

表1-1 部分古柏和古麻栎树木数据表

位置	名称	品种	周长（cm）	直径(cm)	树龄[①]
昭化	0381	柏树	284	90	
昭化	0383	柏树	162	52	
昭化	0384	柏树	300	96	
昭化	0385	柏树	162	52	
昭化	0386	柏树	130	41	
昭化	0378	柏树	128	41	
昭化	0379	柏树	215	68	
昭化	0380	柏树	269	86	
昭化	0360	柏树	100	32	
昭化	0340	柏树	250	80	
昭化	0305	柏树	237	75	
昭化	0304	柏树	250	80	
昭化	0300	柏树	146	46	
昭化	0283	松树	270	86	
昭化	0282	松树	320	102	
昭化	0281	柏树	293	93	
昭化	0280	柏树	204	65	
昭化	0273	柏树	307	98	
昭化	0242	柏树	300	96	
昭化	0241	柏树	220	70	
剑阁	北01772	麻栎	220	70	600
剑阁	北01764	麻栎	229	73	650
剑阁	北01763	柏树	138	44	460
剑阁	北01759	柏树	129	41	460
剑阁	北01757	麻栎	151	48	500
剑阁	北01756	柏树	160	51	700
剑阁	北01755	麻栎	119	38	400
剑阁	北01750	麻栎	151	48	500
剑阁	北01746	柏树	151	48	500

---

① 树木年龄为约数，由昭化区和剑阁县人民政府公示。

续表

位置	名称	品种	周长（cm）	直径(cm)	树龄
剑阁	北01745	柏树	151	48	500
剑阁	北01744	柏树	188	60	900
剑阁	北01743	柏树	138	44	460
剑阁	北01742	柏树	138	44	460
剑阁	北01736	柏树	170	54	800
剑阁	北01731	柏树	110	35	380
剑阁	北01729	柏树	188	60	860
剑阁	北01663	柏树	420	134	
剑阁	北01664	柏树	157	50	
剑阁	北01661	柏树	340	108	
剑阁	北01653	柏树	386	123	
剑阁	北01639	柏树	416	132	
剑阁	北01629	柏树	445	142	
剑阁翠云廊	隆中对左柏	柏树	450	143	
剑阁翠云廊	夫妻柏	柏树	520	166	
剑阁翠云廊	宋柏	柏树	420	134	
剑阁翠云廊	宋柏侧柏树	柏树	275	88	
剑阁翠云廊	北01125	柏树	152	48	
剑阁翠云廊	北01126	柏树	265	84	
剑阁翠云廊	北01127	柏树	178	57	
剑阁翠云廊	北01128	柏树	178	57	
剑阁翠云廊	北01129	柏树	149	47	
剑阁翠云廊	北01131	柏树	296	94	
剑阁翠云廊	北01133	柏树	255	81	
剑阁翠云廊	北01135	柏树	362	115	
剑阁翠云廊	北01136	柏树	280	89	
剑阁翠云廊	北01137	柏树	290	92	
剑阁翠云廊	北01138	柏树	286	91	
剑阁翠云廊	北01139	柏树	323	103	
剑阁翠云廊	北01141	柏树	297	95	
剑阁翠云廊	北01115	柏树	305	97	
剑阁翠云廊	先主柏	柏树	586	187	
剑阁翠云廊	先主柏北1	柏树	188	60	
剑阁翠云廊	先主柏北2	柏树	282	90	
剑阁翠云廊	先主柏北3	柏树	395	126	
剑阁翠云廊	羽房柏	柏树	561	179	
剑阁翠云廊	汉砖柏	柏树	480	153	
剑阁翠云廊	皇柏	柏树	670	213	
剑阁翠云廊	皇柏后中空柏	柏树	600	191	

续表

位置	名称	品种	周长（cm）	直径(cm)	树龄
剑阁翠云廊	荔枝柏	柏树	380	121	
剑阁翠云廊	荔枝柏南侧柏	柏树	384	122	
剑阁望阳山	北00698	柏树	285	91	

注：测量位置为树干距离地面1米处。

4.大朝驿石拱桥

桥址位于广元市昭化区大朝乡，距离大朝老街东端约120米。横跨大朝南侧的溪水沟，是连接大朝驿的重要通道。石拱桥修建于清代，为单孔石拱平桥，南北走向。桥面用石板铺砌而成，桥身长8.72米，宽3.8米，拱长6米，拱顶距离沟底约5米，拱顶到桥面约1米。拱顶内外券面装饰龙头、龙尾，龙头已毁坏，龙尾尚存。桥栏已毁坏，桥身两侧保存有安装桥栏的基槽。桥面布满荒草，整体保存较差。

根据现存道旁古树走向判断，驿路过大朝驿石拱桥后，即沿山腰而行，至铁栓子桥附近复与剑昭路交汇重合。

图1-37 大朝驿石拱桥局部（1）

图1-38　大朝驿石拱桥局部（2）

5.铁栓子桥

桥址位于广元市昭化区大朝乡东南，距离大朝乡场约1公里。铁栓子桥为南北走向，横跨肖家沟，是金牛道上重要的交通节点。现存桥梁修建于清代，因桥身石板由大头细腰的铁栓子连接为一体而得名。铁栓子形制与山东博物馆馆藏京杭大运河堤

图1-39　铁栓子桥

坝构件铁栓子相同。铁栓子桥目前为区（县）级文物保护单位。

铁栓子桥为六孔石板桥，桥身长约21米，宽约3.3米。6处桥墩以条石垒砌，有鱼嘴线。桥面由28块巨大的石板拼接而成，石板长约3米，宽约80厘米，

图1-40　铁栓子桥所用
亚腰形铁栓

图1-41　铁栓子桥测量

图1-42　铁栓子桥南侧
驿路叠压情况

石板间由铁栓子扣死加固。桥栏已毁，桥面两侧各保存有安装桥栏的基槽5个，东侧柱基呈长方形，长约75厘米，宽约50厘米，西侧柱基呈三角形，边长约65厘米。桥南古道存在两个时代叠压的现象。

6. 望夫桥

望夫桥又名寡妇桥，修建于清代。桥址位于广元市昭化区大朝乡东南，北距铁栓子桥约1000米。横跨剑昭路西侧的架枧沟，沟内有采石痕迹，桥身及两侧的石板路所用石料当来源于此。

图1-43 望夫桥（1）

图1-44 望夫桥（2）

望夫桥呈东北走向，桥面长5.4米，宽2.58米，由六块石板拼合组成，每块石板长约3米，宽约90厘米。桥身两侧有护栏，护栏高50厘米，石板材质，四柱三开间，栏柱高87厘米，顶部呈桃形。

7. 松宁桥

该桥位于广元市昭化区大朝乡云台村东南，在望夫桥的南侧约300米，与望夫桥同跨架枧沟。桥为双孔石板桥，呈西北走向。桥身长6.1米，宽2.9米，桥面由七块石板平铺而成。桥身两侧护栏高50厘米，三柱两开间，护栏柱高80厘米，柱头呈桃形。

松宁桥西南有两棵古松树，编号0282古松树直径约1米，编号0283古松树直径约86厘米。松宁桥修建于清代，命名或与两棵古松树有关。松宁桥位于金牛道由山谷转向山腰的转折点，地形较为开阔，是中途休息的好地方。目前为区（县）级文物保护单位。

松宁桥东侧有石碑两通，碑一圆首方形，高2.2米，宽73厘米，厚8厘米，碑额高48厘米。风化严重，字迹难辨。碑二圆首方形，高1.97米，宽1.14米，

图1-45　松宁桥（1）

图1-46　松宁桥（2）

图1-47　松宁桥碑

厚12厘米，碑面书"松宁桥"，字径37厘米。石桥东北岩石上有拴马石槽洞，洞径约5厘米。

8.剑溪桥

该桥位于广元市剑阁县剑门关镇志公寺南侧，横跨大剑溪，南距剑门关约2公里，是剑门关北侧的重要交通要塞。宋代胡希道有称赞剑溪桥的诗句传世，①可知剑溪桥始建年代至迟为宋代，现存剑溪桥由明代弘治年间（1488—1505）利州指挥彭山重建。

剑溪桥为三孔石拱桥，呈东西走向，桥长18.8米，宽4米。桥身下部的三个桥墩由石块垒砌而成，形成的拱券为两半拼合式（亦称莲瓣式），东孔用26排券石成拱，跨度5.3米；西孔用23排券石成拱，跨度5.23米；中孔用30排券石成拱，跨度5.8米，拱高均为3.4米。桥面微拱，为石板铺就，略带弧度，两侧设踏道。桥栏由石板组成，高60厘米，厚14厘米，栏柱高1.05米，桥栏侧各有圆雕石狮兽1尊。

---

① （宋）陈思编，（元）陈世隆补编：《两宋明贤小集》，卷二百九十八竹庄小稿，第1521页。《过界首》：几重岭隔几重湾，路入蒙蒙烟雨间。独立溪桥重回首，前头已是剑州山。

图1-48　剑溪桥侧面

图1-49　1943年英国学者李约瑟（Joseph Needham）拍摄的剑溪桥（下）与2018年（上）的对比照

图1-50　《过剑溪桥》诗碑

　　桥头遗存明弘治年间（1488—1505）时任剑州知州李璧的诗碑1通。碑身圆首长方形，高1.2米，宽65厘米，厚12厘米，上刻李璧的诗词《过剑溪桥》。

过剑溪桥

明·李璧

看山小度剑溪桥，踏雾冲去马足遥。

见说金牛经历处，欲将兴废向渔桥。

（二）关隘

1.阳平关

阳平关位于汉中市宁强县阳平关镇。有古今阳平关之分，古阳平关又名阳安关，位于今汉中勉县西二十里的白马河与汉江交汇处。东汉末年，曹操西征张鲁，曾在这里发生战役。蜀汉时期，诸葛亮多次以此为依托，对曹魏展开攻势。西晋末年，朝廷对汉中地区失去管辖能力，关隘废弃。今阳平关又名关城，始建于南北朝时期，当时氐族杨氏在河池（今徽县）建立政权，觊觎土地肥沃的汉中盆地，于今阳平关对岸的黄家坝修建关城，作为向汉中扩张的前线。历经隋唐，本区域近三百年无战事，作为关隘的古、今阳平关逐渐失去了军事功能。北宋平定后蜀之后，复于今阳平关镇建阳平关，作为汉中盆地西侧屏障，至明清不变。而古阳平关在宋代成为西县治所。本文所指阳平关即位于今阳平关镇嘉陵江畔的阳平关遗址。

阳平关遗址位于今陕西宁强县阳平关镇，南临鸡公山，北傍嘉陵江，地处大巴山与米仓山之间，地势险要。阳平关周边山峦起伏，山势虽然不高，但是整体地势复杂。

阳平关控扼着蜀道中的重要水陆交通线。陆路交通以东北向的金牛道为主，由汉中过勉县、大安、代家坝至此，为唐宋时期金牛道的主干道。金牛道在阳平关与嘉陵水道交汇，过三泉县，沿嘉陵江经朝天驿进入四川。

阳平关遗址具体位置在今阳平关镇中心的三岔路口一带，此地紧邻嘉陵江，在江水南岸呈条形分布，绵延数里。嘉陵江在此冲刷而过，关内江面较宽，在100~150米之间，具备通航条件。江对岸为南北朝时期关城故址，1954年在此修建宝成铁路时，曾出土"朔宁王太后玺"（朔宁王名隗嚣，西汉末年人）。阳平关南侧是鸡公山，又名鸡冠隘，山势较险，且绵延起伏，难以翻越。东侧是金牛道的谷口，西侧沿着江边可以直通三泉县故址，相距约五里。

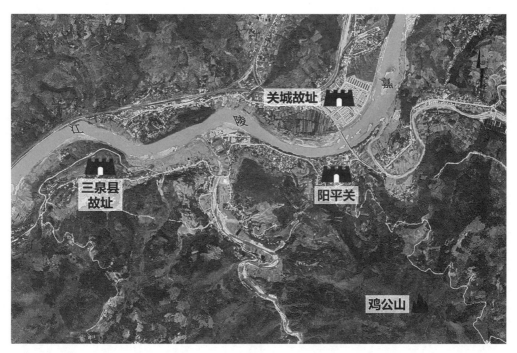

图1-51　阳平关地形图

图1-52　阳平关全貌

2.天雄关

天雄关位于广元市昭化区昭化镇天雄村牛头山东北麓，是金牛道上的险要雄关。天雄关原名天信关，宋元时期改修驿路，在此设立天雄关，成为昭化西南方向的门户，控扼着昭化至剑门关的驿路。天雄关东侧为嘉陵江，西侧为西南走向的大巴山余脉，天雄关在牛头山上，和白龙江、嘉陵江合围，对昭化形成全方位保护之势，是昭化南部重要的屏障，也是阻隔敌军自北进入巴蜀地区内部的主要关隘，为古代兵家必争之地。现存关口建筑为民国时期重修，目前为区（县）级文物保护单位。

天雄关地处牛头山半腰，现存关隘由关门和城墙组成，另有16通碑刻立于关门内外，年代为乾隆中后期至民国时期。关门较残破，存有前后关门口，门洞已坍塌，关门长11.5米。前关门呈圆拱形，两侧保存有关墙十余米。前关门下部石柱，上部砖砌圆拱，残高3.4米，残宽2.3米，进深0.8米，下部石柱上刻有"天雄关"等字，两侧城墙为石块砌筑而成。后关门仅剩两根石柱，残高1.3米，残宽2.2米，进深0.8米。

图1-53　昭化与天雄关地形图

图1-54　天雄关关门正面

图1-55　天雄关关门后面

图1-56 天雄关碑刻

天雄关石碑中，有2通记载乾隆时期平定金川之事，说明清军的两次战役行军路线皆由天雄关通过，至川西地区。此外还有德政碑、修路碑、整修观音庙碑、诗碑等，体现了天雄关丰厚的文化底蕴。

3.剑门关

遗址位于广元市剑阁县剑门关镇北2公里的大剑山隘口上，大剑山西南向绵延，至关口处中断，关口两侧悬崖峭壁，犹如门户，故称为剑门。三国时期，蜀相诸葛亮"因大剑山有险束之路"，设置剑门关，把控金牛道。剑门关作为关隘一直沿用到民国时期，战争时期，军队在此驻扎，防止敌军由此进入巴蜀腹地，和平时期，剑门关是作为征收商旅赋税的海关。李白在《蜀道难》中描绘的"一夫当关，万夫莫开"指的就是剑门关。历代曾在此发生多次战事，显示了剑门关的重要地位。大剑山山谷长约500米，两侧崖壁高约150米，上部宽约100米，下部宽约50米，关楼位于山谷之中。1935年修建川陕公路时，剑门关关楼建筑被拆毁，20世纪90年代重建关楼，2006年毁于大火，2008年又受汶川特大地震破坏。2009年，剑阁县在清代关楼的原址上重建关楼，与旧关楼相对。

现关楼为仿明代建筑，宽18.3米、高19.61米、深17.7米。关楼南500余米为剑门关镇，剑门关镇呈南北长条形，地势平整，是驻军之地，也是剑门关的最后一道防线。

图1-57　大剑山

图1-58　大剑山谷底

图1-59　剑门关关楼

图1-60　（清）道光《保宁府志·图考》剑门天险

（三）古城

此处仅介绍昭化古城。昭化古城位于广元市昭化区昭化镇，白龙江和清江在此汇入嘉陵江，冲击出大面积的河漫滩，昭化古城即位于河漫滩内侧，高出江面约20米。昭化初名葭萌，战国时期，葭萌故城和秦汉时期的葭萌关遗址都在此地。北宋开宝五年（972）改名昭化，并沿用至今。昭化古城保留有明清时期的城门和城墙、石板街、桔柏渡等遗址，目前为省级文物保护单位。

昭化古城原系堆土城池，明天顺年间（1457—1464）城墙改由石块包筑，现存城墙约900米，南北段和东西段各长约400米，城墙高约10米，厚约4米。古城现存城门三处，分别为东门、西门和北门，南门已被洪水冲垮。城门均为条石砌筑，门洞呈券拱形，都有现代修补的痕迹，城门上已重建城楼。

昭化古城的街道纵横交错、蜿蜒曲折，其中连接桔柏渡口西南走向的太守街为主路，也是金牛道上的驿路。此外西街、吐费街、外石街、县衙街、衙门巷等街道均用青石板铺砌，采用三横两竖方式，石板厚重，上部磨损严重，尽显古城沧桑。古城内的街道总长约1公里，太守街最长，约270米，其余街道在100至200米之间。

图1-61　昭化古镇

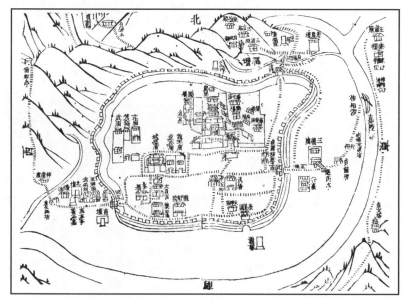

图1-62　（清）道光《重修昭化县志》载城池图[①]

① （清）《重修昭化县志》，道光二十五年版。

图1-63 桔柏古渡

　　古城东门外的白龙江和嘉陵江交汇处下游是金牛道上的重要渡口，古称桔柏津，为历代交通要衢和兵家必争之地，历代文人多有吟咏。唐代玄宗西奔入蜀即在此渡过嘉陵江。渡口现已废弃，成为旅游景点。

（四）古建筑

1. 宁强永惠门

　　永惠门位于汉中市宁强县西大街西侧，是宁强县明代城门遗址。宁强老城位于半岛之上，玉带河绕半岛流淌，对老城外围形成防御之势，自明代初期成为防守重镇。明洪武三十年（1397），朝廷为增强对蜀口地区的管控，在此建立宁羌卫，在半岛之上修建了一座有东西南北四座城门的城池，为宁强肇始。明嘉靖二十五年（1546），州官对城门进行修葺，增添城楼，基本形成现存城门格局。

　　汶川特大地震波及宁强，对永惠门造成了较大破坏。现存城门拱券及下部建筑结构为明清时期所建，砖砌而成，有部分较大的石块裸露在外，上部城墙

图1-64　永惠门

图1-65　永惠门廊桥

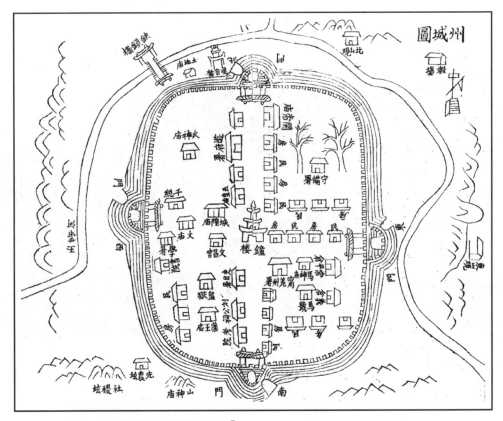

图1-66　（清）道光《续修宁羌州志》城池图[①]

埭口及城楼为震后复建。城门总高9.26米，城门底宽21米，门洞宽3.85米，进深13.2米。

2.七曲山大庙

大庙位于四川省绵阳市梓潼县北10公里七曲山麓上，为纪念晋代张亚子而建。元代初期，张亚子被封为"文昌帝君"，此地开始修建文昌宫，成为道教文昌帝君的祖庭。七曲山大庙经元、明、清三代多次扩建，逐步形成了由三条轴线组成的规模宏大的道教文化建筑群，现存元明清古建筑23座，是研究古代寺庙建筑文化的标本，目前为全国重点文物保护单位。

七曲山大庙依山势布局，坐南向北，错落有致，总占地面积约1.3万平方

---

① （清）《续修宁羌州志》绘图，道光十二年版。

图1-67　七曲山大庙（1）

图1-68　七曲山大庙（2）

图1-69 张献忠塑像

米，建筑面积约5600平方米。古建筑群以明代建筑为主题，其中盘陀殿为元代建筑，桂香殿、关帝庙、望水亭等10处为明代古建筑，其余为清代或民国时期修建。由于建造年代不同，整个大庙古建筑群风格各异，充分展示出古代能工巧匠高超和精湛的建筑技艺，堪称古建博物馆。

七曲山大庙保护区内现存有范围巨大的古柏树林，是研究蜀道的重要材料。

3.梓潼李业阙

梓潼县现存古代石阙4处，分别是李业阙、贾公阙、杨公阙和无名阙。李业阙位于梓潼城郊的长卿镇南桥村，全国重点文物保护单位。阙主为东汉初年梓潼人李业，性质属于墓阙。从形制看，属单阙，由一块巨大的黄砂石雕凿而

图1-70　李业阙　　　　　　　　　　图1-71　李业阙后侧碑刻

图1-72　石兽残件

成。该阙形似碑碣，高2.5米，宽约1米。阙身题刻保存较好，"汉侍御史李公之阙"几字清晰可辨，是难得的东汉初年汉阙实物，体现了汉阙的早期形态。

4. 贞孝节烈总坊

该节孝坊位于李业阙附近，建于清光绪二十七年（1901），保存较好，现为省级文物保护单位。为四柱三间三重檐式牌坊，牌坊坐北朝南，跨于古金牛道上。上刻"贞孝节烈总坊"几个大字和139位忠孝节烈女子姓名，为集中表彰这139名女子的总坊。

图1-73　贞孝节烈总坊

5. 觉苑寺

此寺位于广元市剑阁县武连镇武侯坡。觉苑寺始建于唐贞观年间（627~649），初名弘济寺，北宋元丰元年（1078），寺庙更名为觉苑寺，元代末年毁于战火。明天顺年间（1457~1464）寺庙开始重建，更名为普济寺，清康熙年间（1654~1722）寺庙改扩为现在四合院格局，并复名为觉苑寺。现存觉苑寺为明清至民国时期的古建筑组合，目前为全国重点文物保护单位。

　　觉苑寺在武侯坡小河畔依山而建，坐北向南，为四合院布局。山门在近年毁坏，现存建筑沿中轴线依次为天王殿、大雄宝殿、观音殿。

　　大雄宝殿内遗存有佛教壁画，极为珍贵，共17铺209幅，为明天顺年间绘制，包括有《摩耶托梦》《译经传法》等内容，人物的表现手法是典型的明代风格。

图1-74　觉苑寺壁画（刘显成摄）

此外，觉苑寺碑刻馆和古柏林中存有大量的古代碑刻遗迹，最著名的为《陆放翁诗碑》和东晋郭璞《种松碑》。《陆放翁诗碑》勒石于明正德戊寅年（1518）。碑文由卢雍书陆游《宿武连县驿》诗：

图1-75　陆放翁诗碑

平日功名浪自期，头颅到此不难知。

宦情薄似秋蝉翼，乡思多于春茧丝。

野店风霜做装早，县桥灯火下程迟。

鞭寒熨手戎衣窄，忽忆南山射虎时。

（五）石窟寺及摩崖造像

1. 广元千佛崖石窟

千佛崖位于广元市北4公里嘉陵江东岸大梁山西岩，是四川地区现存规模最大的佛教石窟。千佛崖石窟开凿于北魏晚期，历经西魏、北周、隋代等数百年的完善和丰富，至唐代达到顶峰，许多著名的窟龛都开凿于这个时期。之后

图1-76　千佛崖石窟

石窟艺术开始衰落，但是开凿活动一直延续至清代。千佛崖石窟题材丰富，造像精美，雕刻技艺精湛。据清咸丰四年（1854）的石刻题记载：全崖佛像有1.7万余躯。1935年修川陕公路时，炸毁大量造像。现有石刻南北长200余米，龛窟848个，造像7000余尊，上下重叠十三层，目前为全国重点文物保护单位。

千佛崖石窟以大云洞为中心，分南北两段。南段龛窟有：大佛洞、莲花洞、牟尼阁等龛窟，北段龛窟有：三世佛龛、无忧花树窟、弥勒佛龛等龛窟。大云洞位于千佛崖的中心位置，是规模最大的一座龛窟，其中造像共计234尊，窟正中一大佛立像为弥勒佛，两侧壁雕有莲花观音像148尊。据说该尊弥勒佛是武则天的化身像。天授元年（690），武则天正式登基时，僧人曾撰写《大云经》，以表拥戴之功，大云洞的名称也由此而来。

图1-77　千佛崖石窟局部

2. 鹤鸣山道教石窟

石窟位于广元市剑阁县普安镇鹤鸣山上，开凿于唐代。四川是五斗米道的肇始之地，相传张道陵在鹤鸣山上驾鹤西去，道教在此盛行[①]。唐代统治者以李氏后人自居，对道教加以推崇，鹤鸣山道教摩崖造像即在此背景下开凿。鹤鸣山位于金牛道上的重镇普安，是五斗米道著名的传播点和修行场所。

鹤鸣山道教摩崖造像中最著名者有5个龛窟，彼此连接在一起。一号为长生保命天尊龛，开凿有长生保命天尊像一尊，或称为长生大帝，是道教尊神，其身后饰五斗星纹，或代表着五斗米教的教义。二号为天尊说法龛，主尊及两侧的侍童被盗，仅存护法八部像。其中丁甲神各持法器"阴阳鱼虫"，表现出无极现象。龛外开凿有明代碑刻2通。三号为长生保命天尊龛，龛左侧开凿有

图1-78 剑阁鹤鸣山长生保命天尊造像

图1-79 剑阁鹤鸣山造像

---

① 蜀中有多处山名鹤鸣，如大邑鹤鸣山、剑阁鹤鸣山、南充鹤鸣山等，关于张道陵修道飞升之鹤鸣山究竟在何处，历来众说纷纭，莫衷一是，目前学界基本认同张道陵在大邑鹤鸣山修道之说。

图1-80　剑阁鹤鸣山造像局部（1）

图1-81　剑阁鹤鸣山造像局部（2）

一天尊像，头戴莲花冠，背饰五斗图，身着素衣宽袖道袍，脚穿道履踏莲台，一手持法器，一手结无畏印。四号为长生保命天尊龛，内凿一长生天尊，身后饰五斗图，身着双领下垂阔袖道袍，右手掌向外持丹，左手上举施与愿印，脚履道履立于仰莲台上。龛外左侧壁刻有唐大中十一年（857）题记和清嘉庆年间的长生宫记。五号老君说法龛，内龛造老君说法像及左右胁侍像，已被盗，主尊正壁左右浮雕八部护法像，身着天衣，肩披巾，持盾或禅指。外龛立侍童一对，左右侧壁凿六丁六甲神像。

3. 梓潼西岩寺摩崖造像

梓潼西岩寺摩崖造像位于梓潼县城郊长卿山半腰。有唐代造像龛4龛，宋代以后以至民国数龛，题刻10幅，其中唐代题记1幅，宋代题记5幅，明、清题记各1幅，民国题记2幅。1号龛为整个造像群的主龛。圆拱形深龛，龛内现存文殊、观音、普贤3尊造像为后代重塑。龛内壁有大量佛像以及若干株菩提树，彩绘颜色清晰。旁边有造像题记，由此可知该龛刻于唐德宗贞元二十年（804）。

梓潼西岩寺摩崖造像保存较好，雕凿精美，延续时间长，保留题刻多，是一处难得的石窟艺术遗产。

图1-82　西岩寺摩崖造像全貌

图1-83　西岩寺1号龛

（六）碑刻题记

1.《创建汉源书院记》碑

碑刻位于汉中市宁强县大安镇烈金坝北部。烈金坝是金牛道重要的交通要道，唐代是金牛县县治所在地。金牛道自勉县东来，秦汉至宋元时期金牛道过烈金坝继续沿山谷向西南行，及至明清时期金牛道在烈金坝改路，沿汉江南行。烈金坝西北数公里到达嶓冢山，嶓冢山是嘉陵江和汉江的分水岭，有汉源之称。《创建汉源书院记》碑立于清道光三年（1823），严如熤为纪念宁强知州徐延倬在烈金坝创建汉源书院而撰。徐延倬将烈金坝禹王宫改建为汉源书院，加强州郡西北部的教育，修讲堂3间，斋房6间，厨、门房3间，门楼1座，每年修金、膳费六十千文。至清光绪年间汉源书院荒废。[①]《创建汉源书院记》碑右侧还遗存有《宁羌州重建禹王庙碑记》碑1通，残破严重，字迹难以辨识。汉源书院已经毁塌，仅存两通碑刻记载着当年的辉煌。

《创建汉源书院记》碑碑质为青石岩，碑身圆首方形，碑座已遗失。碑高约2.2米，宽约80厘米，厚约10厘米。碑刻正面书有碑文，保存较好，左下侧字迹有磨灭。碑文为楷书，共17行。其文如下：

> 宁羌，古武都郡，当陇蜀交，用武地也。民气敦朴，褊急而好争，治之者当思所以柔之。泽以诗书。导以□□□□□/教，庶几乎风移而俗易也。先是，州牧郑君绪章于州城中创振文书院，聚生徒设科条，躬

图1-84 《创建汉源书院记》碑

---

① （清）光绪《宁强州志·建置志》，清光绪十四年刻本。

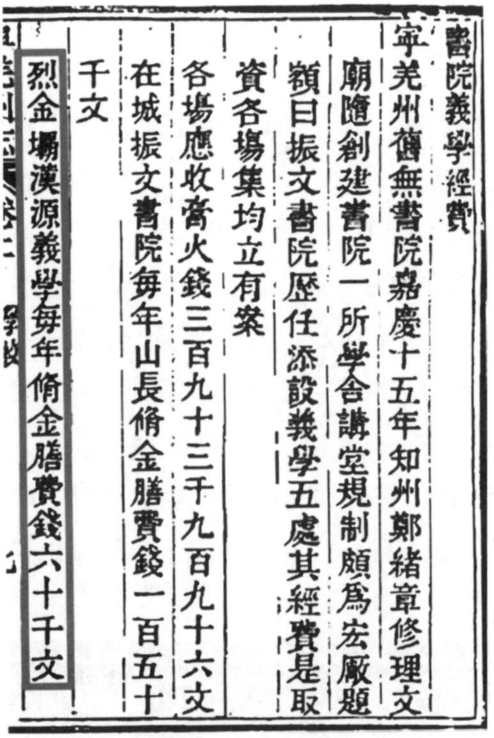
書院義學經費
寧羌州舊無書院嘉慶十五年知州鄭緒章修理文
廟隨創建書院一所學舍講堂規制頗爲宏廠題
額曰振文書院歷任添設義學五處其經費是取
資各場集均立有案
各場應收斎火錢三百九十三千九百九十六文
在城振文書院每年山長脩金膳費錢一百五十
千文
烈金壩漢源義學每年脩金膳費錢六十千文

图1-85　《续修宁羌州志》载汉源义学①

亲导教之民□知□□□/。顾州城偏在治南，溪河回绕，州西北村庄远在一二百里外者，以担簦负笈，踰越险阻为艰。徐君延倬署州事之□年，/百废俱兴，忾然曰：“教不可不遍也，化不可不广也。一州之中，东南之人有学舍以肄习，而东北人士听其望风景/慕可乎？”州东北大山曰嶓冢，汉水出焉。山麓十里为烈金坝，古姓成村，读书务学之士较多。嶓冢嵯峨崔巍，既扶舆/清淑之气所郁积，而汉水之源上通璇玑。诗曰：倬彼云汉，为章于天。古今言水之涤污浊、汇清涟者以沧浪为首，州之/名胜盖无踰此者。昔考亭讲学之地曰白鹿、曰岳麓，皆有得于山水之佳美。兹于嶓冢之麓建学焉，山明水秀庶几/哉！藏修息游，我衿子其有以济活泼之天机，而共深于《诗》《书》《礼》《乐》之泽者乎！且此地距州城八十里，介西北诸村庄/之中，于学徒之担簦负笈者便焉。乃于烈金坝创建书院一区，修讲堂三间，斋房六间，厨房二间，门房一间，门楼一/座。经始于道光三年正月，至六月工竣，名之曰“汉源书院”而属余记其事。余曰：化民成俗，司牧之事也。好武之俗而/泽以诗书，导以礼乐，则信乎其能整齐之、变化之者矣。近城之士，煦煦向化，而必使一州中遥村僻壤，共服习于先/王之教，劳之来之，尤司牧之事也，徐君可云得制治之要矣。天下事，善作者不必善成。徐君行且去，后之继牧兹土/者扩而充之，善也。以时修葺经理，无致废坠，则宁羌士民之幸也已。/陕安观察使者严如熤撰，/沔邑胡体麟书丹。道光三年岁次癸未林钟月　立。

① （清）《续修宁羌州志》卷二“学校”，清道光十二年刻本。

图1-86 《宁羌州重建禹王庙碑记》碑

2.《化险为夷》摩崖题刻

该摩崖题刻位于广元市昭化区大朝乡竹垭子山谷古驿路左侧崖壁上，开凿于清光绪戊子年（1888），记载"李大老爷"培修驿路，化险修平之功德，目前为区（县）级文物保护单位。

摩崖题刻弧首长方形，朝向北，距离地面约1.2米。题刻首浮雕有云纹，中部扇形，题刻正身凹陷于崖壁。摩崖题刻通高2.78米，宽98厘米。面高2.06米，宽88厘米，进深8厘米，两侧边缘，各有10厘米边缘。碑面正中楷书"化险为夷"，字径约38厘米，左上刻"培修道路李大老爷邑贤侯德政"，右下刻"光绪戊子春六里士庶公立谷旦"，字径约6厘米。摩崖石刻不远处的石板路即为培修的石板路。

图1-87 《化险为夷》摩崖题刻

图1-88 《化险为夷》摩崖题刻远景

图1-89 《化险为夷》摩崖题刻附近驿路

3.《砥矢周行》摩崖题刻

此题刻位于广元市昭化区大朝乡
竹垭子山谷，《化险为夷》摩崖题刻
南侧约20米。题刻开凿于明天启四年
（1624），记载的是此地修整金牛道
驿路的事情。

摩崖碑刻圭首长方形，朝向西
北，距离地面约1.4米。题刻高2.2
米，宽1米，进深约10厘米。额首书
"修官驿碑"，字径约15厘米；中书
"砥矢周行"，字径约30厘米；左
侧书年代落款，字径约8厘米，内容
如下：

天启四年中秋日相视

□□□奉募工季冬告□□裁官店

图1-90 《砥矢周行》摩崖碑

图1-91　《砥矢周行》摩崖碑远景

图1-92　《砥矢周行》摩崖碑附近驿路

铺□二十四□□□蜀典□达帝都。

驿路在此通过，南靠崖壁，北邻峡谷，通行较为困难，是驿路上较为险要的一段。这两方摩崖题刻，恰好记载着明清时期对金牛道驿路的修整史实。

4.指路碑

此碑位于广元市剑阁县剑门关镇赵家坡，道路在此由东西走向转为南北走向。指路碑立于清光绪二十年（1894），树立在驿路通行的岔路之上，是驿路上分辨方向和位置的重要标志，驿路在此地开始由山坡下至大剑山山谷。

指路碑方形圆首，高53厘米，宽37厘米，厚6厘米。碑额高15厘米，内书"指路碑"三大字，字径5厘米，字外刻圆圈。碑面风化，正文仅可辨别出"上、下、中、左、右"等残字，落款为"光绪二十年"。

此外，我们在青枫岭调查驿路时，在古树上发现了一处"长命富贵"将军箭，黄漆书于纸上。

图1-93　指路碑

图1-94　赵家坡指路碑附近驿路

图1-95　青枫岭将军箭

5.《唐明皇幸蜀闻铃处》碑

此碑位于绵阳市梓潼县演武乡园坝村东3公里，碑刻初建于宋代，是为了纪念唐玄宗在此雨中听闻铃声。唐天宝十四载（755），安禄山叛乱，攻陷洛阳。次年，唐玄宗由故道转金牛道西奔入蜀，夜宿在郎当驿，"雨中于此闻铃声"。现存碑刻为清光绪二十年（1894）

图1-96　《唐明皇幸蜀闻铃处》碑

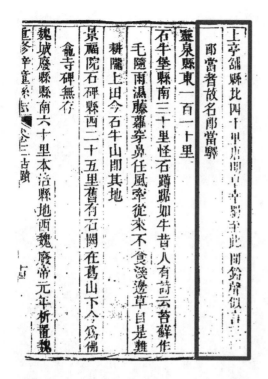

图1-97 （咸丰）《梓潼县志》卷三"古迹"载郎当驿

立，目前为县级文物保护单位。

现存碑质青砂石，龟首方碑，碑左侧有明显雕刻痕，碑身高2.6米，宽86厘米，厚18厘米。碑座为赑屃趴于雕花石柱上，长1.8米，宽1.2米，高1.5米。碑面正中阴刻楷书"唐明皇幸蜀闻铃处"，字径约30厘米。左上侧刻有"大清光绪二十年岁次"，右下侧刻有"甲午仲夏知梓潼县事桂梁材立"。字径8厘米，字距5厘米。

6.鹤鸣山摩崖题刻

题刻位于广元市剑阁县普安镇东鹤鸣山上。鹤鸣山是五斗米道的重要传教地点，自北魏晚期，开始建造道观。鹤鸣山上除遗存有大量道教摩崖造像外，还保存有唐至清代题刻记碑21处，其中最著名的为《剑州重阳亭铭》碑和《大唐中兴颂》石刻，与鹤鸣山道教摩崖造像并称鹤鸣山石刻"三绝"。

（1）《剑州重阳亭铭》碑

重阳亭是唐大中八年（854）九月由剑州刺史蒋郁监造，蒋郁借李商隐的名望，传播自己的政绩，邀请李商隐为重阳亭作铭文。北宋治平年间重阳亭塌毁，现存重阳亭及"古重阳亭"字为汶川特大地震后复建重刻。李商隐撰的《剑州重阳亭铭》唐碑，位于重阳亭侧的5号造像龛内，圆首方形，碑高1.88米，宽85厘米，厚20厘米。碑额上小篆书阴刻"剑州重阳亭铭"，疑为后人补刻，碑文楷书，共22行415字，是研究唐代文化的珍贵文物。

碑文如下：

> 陪臣未尝屡睹/天子宫阙，矧得舞蹈陛下耶！然下国伏地读甲乙丙丁/诏书，亦有以识天子理意，尺度尧舜，不差毫撮，于绝远人意尤/在。不然

者，安得用江陵令，使上水六千里，挽大小虎牙、滟滪、黄牛/险，以治普安郡耶？令既为侯，讲/天子意，三年大理。田讼断休，市贾平，狱户屈膝。落民不识胥吏，四方宾颇来，系/马糜牛至树肤不生。乃大铲险道，绳石见土，其平可容考工车四轨，建为南北/亭，以经劳饧。又亭东山，号曰"重阳"，以醉风日。南北经赍，若出平郡，元有噫□/何？过三年，民恐即去，遮/观道路，乞请留侯，像东山实在亭下，侯蒋氏名侑。文曰：/仁之为道，隆磊英杰。天简其努，美以事物。惟君之明，惟/蒋是顾。撮取不穷，如武有库。蒋之有/世，以仁为鬼。/伯氏之宜，仲氏之思。厥弟承之，纯而不纰。以令为侯，/天子之德。汝侯为理，□有盈昃。君南臣北，父坐子伏。饮牛沤营，田讼以/直。市正镞清，谒归告休。朝雨滂沱，湿其悄头。民乐以康，愿有显庸。侯作南亭，北/亭是双。至乎东山，乃三其功。推险为夷，大石是扛。亦既三年，民走乞留。/伯氏南梁，重弓三矛。古有鲁卫，惟我之曹。惟仁之归，有世在下。其摭其超，尾/马鼿马。惟蒋之融，由/唐庞蝦。惟是亭铭，得其粗且。/唐大中八年九月一日，太学博士河南李商隐撰。

图1-98 《古重阳亭》题刻

图1-99　《剑州重阳亭铭》碑①

① 高文、高成刚：《四川历代碑刻》，四川大学出版社，1990年，第125页。

（2）《大唐中兴颂》摩崖题刻

题刻内容为唐代诗人元结于唐上元二年（761）撰，碑文是我国唐代书法名家颜真卿所书。内容体现了对安史之乱后唐代上层官吏的明褒暗贬。题刻最初是大历七年（772）刻在湖南祁阳浯溪石崖上，南宋绍熙年间（1190~1194），隆庆府（今剑阁）通判吴旰翻刻于鹤鸣山上。摩崖题刻通高3.13米，宽3.84米，自左至右竖行阴刻20行，共229字。通体端庄，气势磅礴，至今保存较为完好。

碑文如下：

大唐中兴颂有序：/尚书水部员外郎兼殿中侍御史、荆南节/度判官元结撰。/金紫光禄大夫、前行抚州刺史、上柱国鲁/郡开国公颜真卿书。/天宝十四年，安禄山陷洛阳，明年，陷长安。天/子幸蜀，太子即位于灵武。明年，皇帝/移军凤翔，其年复两京，上皇还京师。於戏！前代/帝王有盛德大业者，必见于歌颂，若令歌颂大业，刻/之金石，非老于文学，其谁宜

图1-100　南宋翻刻颜真卿《大唐中兴颂》

为？颂曰：/噫嘻前朝，孽臣奸骄，为悎为妖。边将骋兵，毒乱国经，/群生失宁。大驾南巡，百寮窜身，奉贼称臣。天将昌/唐，繄睨我皇，匹马北方。独立一呼，千麾/万旗，戎卒前驱。我师其东，储皇抚戎，荡攘群/凶。复复指期，曾不逾时，有国无之。自有至难，/宗庙再安，二圣重欢。地辟天开，蠲除袄灾，瑞/庆大来。凶徒逆俦，涵濡天休，死生堪羞。功劳位/尊，忠烈名存，泽流子孙。盛德之兴，山高日升，万福是/膺。能令大君，声容沄沄，不在斯文。湘江东西，中直/浯溪，石崖云齐。可磨可镌，刊此颂焉，何千万年！/上元二年秋八月撰，大历六年夏六月刻。

（七）古墓葬

调查发现古墓葬1处，即任家垭宋代四室墓。此墓位于广元市剑阁县剑门关镇高峰村任家垭南的田地里，墓地距离金牛道石板路约20米，因平整耕地而全部裸露出地表。宋墓由大石板砌筑而成，朝向正东，墓室之间以石板隔离，中间的两墓室有垮塌，两侧保存较好。宋墓通宽55米，通长3米，封土堆高1.76米。墓室高1.3米，宽1.42米，内高70厘米，内宽1米，进深2.47米。

图1-101　任家垭宋墓（1）

图1-102　任家垭宋墓（2）

图1-103　任家垭宋墓（3）

三、初步认识

金牛道是蜀道中的主动脉，翻越大巴山，直接连接巴蜀地区与汉中，再通过故道、褒斜道、傥骆道等蜀道北段驿路与关中地区连接，是古代巴蜀地区和外界沟通时最重要的一条通道。

金牛道的开通时间依旧是一个难以确定的史学问题。商周时期是否开通已难考证，从史料和遗迹等方面而言，战国时期的金牛道已然处于使用状态。

金牛道不仅代表着其他地区对巴蜀地区的输入，也代表着巴蜀地区对外界的输出，频繁的经济文化交流造就了巴蜀地区的繁荣，以至唐代时期即有"扬一益二"的说法。每当外界处于战争状态，巴蜀地区则因天险而保持相对稳定，经济发展受外界战乱影响较小，天府之国的粮草物资会源源不断地输送至外界，同时，各类人才会大量地沿金牛道入蜀避难。

金牛道相较于其余驿路，是文化内涵最丰富的一条驿路。巴蜀地区的本土文化和外界文化相结合，形成独具特色的巴蜀文化。作为沟通桥梁的金牛道在文化内涵上更能体现出多种文化的碰撞和融合。

自古巴蜀多割据，金牛道作为主要的入川道路，在维持国家的统一和稳定方面起到了重要的作用。自秦灭巴蜀至清代的2200余年里，发生在金牛道的大小战事无数，正是因为有这样一条连接之路，巴蜀地区的稳定性得到了保障，进而确保整个西南地区接受中央政权的管控。

从我们的初步调查看，金牛道的道路本体形态较为丰富，有栈道、碥道、石板路几种（在关中地区应该还有土路），其中石板路的一些路段有明显的叠压打破情况，如果结合文献记载，可以探讨其历史变迁，并由此建立起时代序列，为其他古蜀道的断代提供参考。

金牛道两侧古树名木众多，在国内外古道中独树一帜，具有突出的文化价值、历史价值和生态价值，亟须进行全面的调查研究，搞清楚树木数量、品种及树龄。古道两侧树木年龄的准确测定有助于进一步明晰古道的时代。

金牛道沿线古道本体及相关遗存非常丰富，虽经多代学者考察调研，但仍未摸清家底。就道路本体而言，可分哪些类型，每种类型的分布、长度、保存状况如何，各种类型之间的关系怎样等问题都有待尽快解决。

　　金牛道在几条蜀道中地位最为重要，承载的历史信息最为丰富，遗存的文物古迹最为多彩，因此在日后的蜀道考古、保护利用和申遗工作中，理应对金牛道给予最大的关注。金牛道的考古工作，从学术上讲，可以为古道考古提供经验，促进考古学学科发展；从现实价值看，可以为其深入研究、保护利用古道提供基础资料。

第二章

米仓道（南郑至南江段）

一、概况

米仓道又名巴岭路，是从汉中平原中部南下翻越米仓山抵达巴蜀地区的重要通道。作为蜀道的分支，米仓道并非单指一条道路，而是翻越米仓山的交通路线网，自汉中南下米仓山入口即有三处。关于米仓道的文献记载纷繁复杂，对具体线路所说不一，学者们也各执己见，莫衷一是。米仓道的开通时间，因为没有一定的文献或文物支撑，也难以确定。至少在东汉末年，米仓道已然通行。时曹操西征张鲁，张鲁舍弃汉中南下巴中，走的就是米仓道。因为翻越米仓山的缘故，米仓道相较于其余入川道路更为艰险，唐宋以来，米仓道的功能主要体现在贸易和军事两方面。宋蒙战争期间，蒙古军就多次经由米仓道攻宋。

米仓道自汉中平原中部出发，翻越米仓山至巴蜀的川东地区，由汉江流域进入渠江流域，向南可至重庆。米仓山南北两侧的驿路多沿山谷的河流水系前行，驿路最艰难的一段即是翻越米仓山。古人在翻越米仓山的过程中，探索出多条道路，一般以三条路线作为翻越米仓山的主路线，自西向东分别溯濂水河、喜神河和冷水河翻越米仓山。

西路沿濂水河至米仓山，濂水河发源于喜神坝西南，向北迂回绕转进入汉中平原，在汉中南侧汇入汉江。驿路从汉中沿濂水河向西南行，过高台、新集、两河后脱离汉中平原，开始沿濂水河进入山谷地带，沿山谷向南过濂水、黄渡、塘口等地。驿路脱离山谷、沿山脊或山腰翻越米仓山，行程约7公里。在马家湾开始下行，至高家河坝后沿韩溪河谷西岸南行，过庙坝、观音堂至两河口，渡河东行至光雾山（桃园）。由光雾山南行下米仓山，过寨坡后进入南江河水系，沿南江河过上两、桥亭至南江。继续沿南江河南行，过沙河、下两等地后至巴中。

中路沿喜神河至米仓山，喜神河发源于喜神坝南部，向北流淌至汉中平

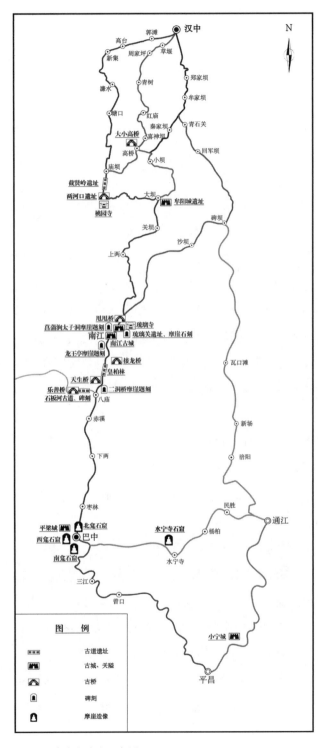

图2-1 米仓山路线示意图

原。驿路自南郑（周家坪）南行，沿喜神河过青树、庙坝至喜神坝，然后沿喜神河支流贾家河过高桥。经牛脑壳翻越米仓山至牟阳故城，行程约8公里。沿山谷向西南至光雾山，与西路会合。

东路沿冷水河至米仓山，冷水河发源于小坝西南的分水岩，向北流淌至汉中西南与汉江汇合。驿路自汉中沿冷水河前行，在高家岭离开汉中平原进入山谷。继续沿冷水河过牟家坝、小南海、秦家坝一路至小坝。中路与东路相连，由小坝向西北经褒城坡至喜神坝。由小坝向南沿山脊或山腰翻越米仓山至土卡门，行程约7公里。土卡门沿山谷南行至大坝，大坝是米仓道路线交叉口。由大坝向南沿山谷过草鞋坪至关坝，在此进入南江河谷，沿南江河南下至南江。由大坝沿农林河向西可至光雾山，在此与米仓山中路和西路会合。

课题组在2018年8月对米仓道南江段古道及沿线相关的遗存进行了实地调查，涉及南郑、南江和巴中等市县。

二、重要遗存介绍

根据对米仓道南江段的实地考察，现将米仓道南江段的古道本体及沿线的相关遗存分为六类：

古道本体。包括石板道、碥道、桥梁等类型，如石板河古道、大高桥等。

关隘遗存。米仓道作为巴蜀地区和外界沟通的主要驿路，历代均在沿线设置关隘对驿路进行把控，如巴峪关、大坝关、米仓关、琉璃关等。

古城址。如牟阳城、南江古城、巴中平梁城、平昌小宁城等。

石窟寺及摩崖造像。如南龛石窟、北龛石窟、西龛石窟、水宁寺石窟等。

碑刻题记。如太子洞唐宋摩崖题刻、古琉璃关摩崖题刻、石板河碑刻、天生桥碑刻、龙王亭摩崖题刻、二洞桥唐碑等。

古建筑。如桃园寺、琉璃关古寺等。

（一）古道本体

1. 石板河古道

古道位于南江县沙河镇红光村四组，距东北方向沙河镇6公里，古道呈阶梯状分布，石梯由大小不一的长方形石板铺成，台阶之间有排水槽，槽宽5.2米左右，阶面有磨损，部分阶面有脚窝。此古道与距其上方100米的现代道路相通，其长度约为190米。石梯左侧有碥道，距

图2-2　石板河古道局部（1）

图2-3　石板河古道局部（2）

图2-4　石板河古道调查工作照

石板道约80厘米，现存6级石阶，为此处原来通道，碥道阶梯长80～88厘米，厚7～11厘米，间距约15厘米，道路的拐角处每个阶梯平台较大；平台的长约2.4米，宽约1米，利于通行，拐角处拦马墙高约80厘米。

　　在路亭右侧，B3与T1之间一段古道，可以明显看出叠压关系，现有石阶步道叠压于碥道之上，明显为不同时代所建。根据石板河现存碑刻题记可知，此处至少在北宋宣和年间即为通衢大道，清乾隆、道光、咸丰等朝曾多次维修道路及桥梁，因此，该处的碥道可能是宋代及以前的道路，石板路则可能是清代修建。

2.大高桥

　　大高桥位于南郑区红庙镇群福村西南约500米处。为双跨石梁桥，东西走向。桥址选在河水冲刷出石质的河床上。桥南北

图2-5　大高桥

两侧各有一个码头，码头由7层条石错缝平砌成外凸的半球状，上部石条纵向出跳三次成伸臂架式样；中间桥柱以一块巨大长方形卵石为桥墩，柱身由9层石条一平一顺砌成，柱身顶端两侧叠涩出檐，增强桥梁的稳定。桥面由两段三根长条石铺成，桥面长11米，宽1.2厘米，高出正常水位4.6米。此外，据相关资料，在大高桥的西南500米处有小高桥，我们沿着河流上下寻找，未能找到。

3. 大高桥下叠压桥址

南郑区红庙镇群福村西南500米，东北侧700米为群福村，桥址与大高桥处于在同一垂直线上。现存栈孔6个，其中在大高桥桥墩上保存柱洞4个，方形和圆形各2个。柱洞底部平坦，其中方孔边长21厘米，深4～5厘米，圆孔直径16～30厘米，深16～22厘米，一圆孔大部分被压在大高桥的桥柱下。

图2-6　大高桥桥面

图2-7　大高桥下叠压之桥孔

在河床上保存柱洞2个，呈马蹄形，与河流的流向一致。柱洞平面呈马蹄形，弧线直径约24厘米，弦线长16厘米，深20厘米，柱洞底部平坦，深约20厘米，两柱洞相距约69厘米。

4. 接龙桥

该桥位于南江县东榆镇同心村一组。始建于清末，后来多次维修，接龙桥为双孔石墩木梁桥，东西走向，南北跨越南江河支流，长约34米，宽3.8米，距水面高约5米。桥墩由规则的条石砌成，高3米，桥面由规整的木板铺成，用材粗大。桥梁由长17米，宽40厘米，厚40厘米的柏树构成。桥栏为木栅栏式栏杆，高1.1米。桥上建有木桥廊，进深3.8米，高6米，屋顶为悬山顶，穿斗式梁架。该桥保存较好，至今仍在使用。

图2-8 接龙桥全貌

图2-9　接龙桥一角　　　　　　　　　　图2-10　接龙桥桥面

5. 天生桥

桥址位于南江县沙河镇天桥村大桥湾南300米的沙南路上，居皇柏林中部。天生桥大致呈东西走向，桥由整块岩石构成，岩石底部中间脱落形成弧形桥孔，桥全长38米，宽约8米，中部为弧形厚度4.7米，离地面高30米左右。

桥面上建有古庙，桥庙一体，实属罕见。桥头现存乾隆五十四年（1789）、道光二十九年（1849）柱碑2块，记载修桥造庙事宜，根据碑文可知该桥原名"福寿桥"。为保护文物，天生桥西侧已新建公路供车辆行人通行。

图2-11　天生桥与古庙　　　　　　　　　图2-12　皇柏

6. 乐善桥

该桥位于南江县沙河镇红光村四组石板河中段。单孔石拱桥，桥长36米，横跨石板河，南北走向，其中东西桥引长6米，宽5.5米，桥面用规则的青石板铺成，桥两边切桥沿，高36厘米，宽44厘米，桥的迎水面雕刻有龙头，背水面雕刻有龙尾，桥距河面高12米，拱跨25米。桥的东侧有乾隆四十年（1775）、咸丰八年（1858）碑刻各1通，记述历次修桥事宜。该桥保存完好，至今仍在使用。

图2-13　乐善桥远景

图2-14　乐善桥桥面

图2-15　乐善桥之龙头　　　　　图2-16　乐善桥碑刻局部

7. 甩甩桥桥墩孔

甩甩桥位于南江县碾盘乡黄家河与南江的交界处，已不存在，仅留有桥墩孔。桥墩孔分布于西距Y31县道40米的黄家河两侧的岩层上，因河流阻隔只能测量黄家河左侧的桥墩孔。现存10个，呈西北向"一"字形分布分为双排布局，横排孔距0.88~1.8米，上下孔距2米，桥墩孔为圆孔，直径约22~30厘米，深约20~30厘米，时代不详。部分已被淹没于水下。另外，发现一个上下

图2-17　甩甩桥桥墩孔调查工作照　　　　图2-18　甩甩桥一带地势（公路桥上拍摄）

图2-19 甩甩桥桥墩孔局部（1）

图2-20 甩甩桥桥墩孔局部（2）

贯穿的牛鼻孔，直径8厘米，可能用于系船。该桥跨越黄家河沿着南江河向南过琉璃关进入南江县，最后到达巴中。

8. 两河口遗址

遗址位于巴中市南江县光雾山镇焦家河村一组，地处韩溪河与焦家河交汇处北约100米。驿路由庙坝沿向南流淌的韩溪河山谷行，经观音堂、大岩房等地至两河口，在此东跨韩溪河，沿焦家河至光雾山镇。在此保存下来有关桥梁、船只及岸边道路的遗迹。

两河口遗址现存有桥址、栈道及系船孔等多类遗迹，桥址横跨南北向的韩溪河、栈道、系船孔等遗迹分布于韩溪河东岸。韩溪河西岸大部分为现代修建的乡道叠压，仅保存下来数个桥址墩孔。

两河口遗址遗存桥址4处，皆横跨韩溪河，于韩溪河两岸及河底开凿，河床基岩为片麻岩。根据桥址的位置，由南向北依次编为一号桥址、二号桥址、三号桥址和四号桥址。

一号桥址位于059乡道现代水泥桥南侧，河岸两侧基岩上都有桥墩孔遗迹，现存桥墩孔7处，根据桥势走向可以判断出，桥址西北处桥墩孔叠压于水泥桥基下部，原桥应该于韩溪河两岸基岩各有桥墩孔4处。桥墩孔为圆孔直壁，底部略有凹弧，孔径40～45厘米，深30～50厘米，其中东北处桥墩孔呈不规则圆形，孔径为67～77厘米，深约33厘米。

二号桥址南距一号桥址约25米，在水泥桥北，横跨韩溪河。现存桥墩孔14处，延续于韩溪河中，为跳蹬桥。桥墩孔呈长方形，略有不规则，长30～90厘米，宽15～55厘米，深10～20厘米，部分孔中保存有长方形墩石。

二号桥址东侧的崖壁上发现有3个栈道孔，呈东西走向，孔径约30厘米，孔间距约2～3厘米，高出河岸约4米。

三号桥址南距二号桥址约40米，现存桥墩孔6处，皆位于河东岸基岩上。桥墩孔圆孔直壁，底部略呈凹弧形，孔径27～37厘米，深15～30厘米，部分桥墩孔中残存有木桩，高约30厘米。桥址东北处桥墩孔已被毁坏，留有圆孔形痕迹。

桥址北侧有系船孔（俗称"牛鼻孔"）1处，开凿于岩石上，上部与侧面洞穿，上口直径12厘米，侧口径10厘米，洞边距岩石边约10厘米，表面有摩擦痕迹。

　　四号桥址南距三号桥址约50米，现存桥墩孔6处，皆位于河西岸的基岩上，呈两排排列，在河东岸未找到相应的桥墩孔遗迹。桥墩孔圆孔直壁，底部略呈凹弧形，孔径40～45厘米，深25～30厘米。

　　桥址四号东岸北侧存有系船孔，左右洞穿，孔径约5厘米，系柱直径约9厘米，有摩擦痕迹。东岸北侧的基岩坡上有脚窝1处，分5梯，下部2梯多借助天然平面，有少量开凿痕迹，上部3梯有明显的开凿痕迹，长27～33厘米，宽约15厘米，深10～20厘米。

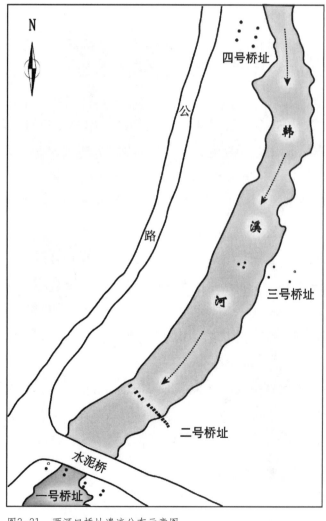

图2-21　两河口桥址遗迹分布示意图

图2-22　两河口公路桥现状

图2-23　两河口遗址工作照

图2-24　韩溪河左岸栈道孔

图2-25　一号桥址

图2-26　二号桥址

图2-27　三号桥址附近的"牛鼻孔"

（二）关隘

1. 琉璃关

古琉璃关位于南江镇元山村一组，南江县城北1.3公里处，南江河的西侧。琉璃关东侧是隔南江相对峙的陡峭龙架山，西侧为高约20米的悬崖峭壁，此处地面狭窄，不便通行，在此处修筑关隘，有利于控扼米仓道，捍卫南江。

琉璃关是米仓道从汉中经桃园、上两至南江、巴中的古道路必经之地。因修建现代道路，关隘遗址已不复存在，仅存琉璃古寺1座，寺内有唐僖宗中和元年（881）的禁令"禁养生潭"碑刻1通；光绪乙酉年（1885）南江知县孙清士手书的"古琉璃关"古迹，具有较高的历史价值。

图2-28 琉璃关一带

（三）城寨

1.牟阳城

牟阳城即大坝关。在巴峪关之南，明代在此设米仓巡司，后来废除，清代初年在旧址设立塘房三楹，不久便废弃。因地处牟家山之南、焦家河以北，故名牟阳城。

遗址西侧70米为南坝河，北1公里处为上昌平，牟阳城位于平坦的山间谷

图2-29 牟阳城

地，这里地势平坦，植被茂密，土壤肥沃，水源充足，有南坝河及其支流流经，遗址面积大约60万平方米，内有聚落和耕地。

图2-30 牟阳城新修复之敌台

图2-31 牟阳城残碑

图2-32 牟阳古城周边地貌

牟阳城是从米仓道北上中原，南下巴蜀重要驿站，成为历代商旅云集、兵家必争之地，毁于民国初年。现为光雾山旅游景区，附近有巴峪关、石卡门、土卡门等遗址。

2.南江古城

南江扼守川陕咽喉，古为"巴西外户""蜀北岩疆"，地理位置非常重要。遗址位于南江县南江镇，南江河西侧的台地上，高出江面约40米。南江县

图2-33　南江红四门

图2-34　南江古城南门

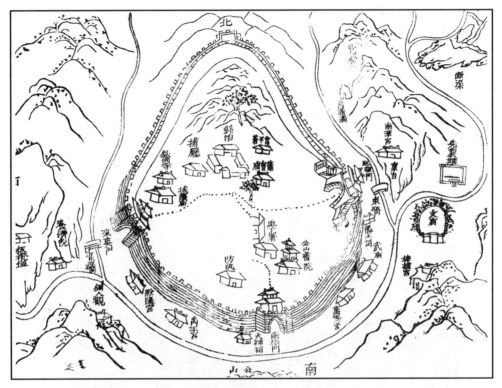

图2-35　（清）道光《南江县志》城池图

明以前没有石城墙，明正德年间知县沈铺开始砌石城，明朝末年毁坏，清康熙和嘉庆年间重修，现存有城门、城墙。

红四门，原为东城门（迎晖门），城门及城墙始建于明正德十一年（1516）。走向为坐西向东。城门为石质拱顶结构，拱高3.3米，宽3.06米，进深9米。南北城墙现存700余米。红军进入南江城后，将城门上"迎晖门"改刻成"红四门"作为红军解放南江城的永久纪念。

3.平梁城

平梁城遗址位于四川省巴中市巴州区平梁镇炮台村的平梁山上，是南宋末年为抗击蒙古而修建的重要山城之一。平梁山地势险要，良田水源皆充裕，水陆交通便利，使之成为修建寨堡的绝佳之地。

淳祐十一年（1251），余玠命都统张实于巴州建平梁城，取扫平梁州之意，并将之作为北伐兴元（今汉中）之基地。张实受命之后，于正月九日开工，至三月既望完工，仅两个月的时间就完成了平梁城的修建。平梁城建成后，余玠率大军经米仓道北伐汉中，遗憾的是，此役南宋未能收复汉中。在此情况下，位于大巴山南部的平梁城等山城又成为南宋防备蒙古大军经米仓道南下的要塞。宝祐六年（1258）蒙哥征蜀后，蒙古军曾多次进攻平梁城，大约在咸淳元年（1265）得汉城陷落前后，平梁城也最终被蒙古军攻破。清嘉庆年间，川东北地区成为白莲教起义的重灾区，而巴州地区尤为严重，州城残破。为躲避祸

图2-36　平梁城西门附近城墙

图2-37　平梁城北门遗址

图2-38　平梁城航拍

乱，巴州衙署及大量百姓迁入平梁城内，据城自保，成功抵御了白莲教军的侵扰，再次发挥了保境安民的作用。

平梁城占地数百亩，现存城门、城墙、一字墙、金锁关、瞭望台、严公包等城防军事遗迹。其中原12座城门亦塌毁，但城墙保存较好。城内现存宋代以来城墙遗迹长达3000多米，其完整性在整个川渝陕军事防御体系中都是较为罕见的。除此之外，平梁城遗址内还有崖墓、张必禄墓、鸿禧寺、真武宫、题刻、古井、饮马池、采石场、土地龛、砖瓦窑等相关遗迹。

4. 小宁城

小宁城遗址位于四川省平昌县东北20公里的江口镇杨柳村小宁山上。此地连接利、阆和大巴山、米仓道，战略地位突出。

南宋淳祐五年（1245），余玠命都统张实率军在巴州一带修筑城寨，既防蒙古军沿米仓道南下，又为日后北伐兴元作准备。张实首先主持修筑小宁城，经过四年时间，终于淳祐九年（1249）年大致完成修筑，其后又多次增筑，至

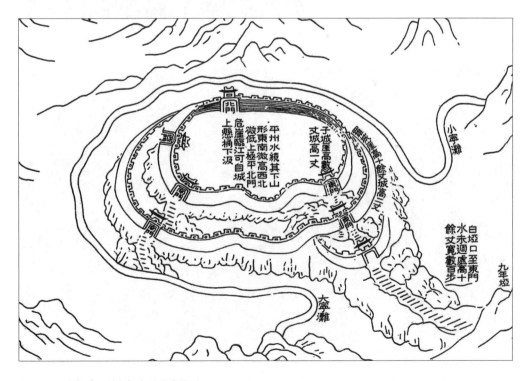

图2-39　道光《巴州志》中的小宁城图

图2-40　小宁城北门
（南宋）

图2-41　小宁城西门

图2-42　《宋张实小宁城
题名记》题刻

淳祐十二年（1252），小宁城已具备内外双重防御系统，成为宋军在川东北的主要军事据点。淳祐十一年（1251），余玠以小宁、得汉、平梁三城为基地，提兵北伐兴元。大约在得汉城陷落的咸淳元年（1265），小宁城也被蒙古军攻破，此后还一度成为了蒙古阆州都元帅杨文安攻伐南宋开达地区的军事基地。明清时期，特别是清嘉庆年间，小宁城所属川东北地区是动乱重灾区。为了避乱躲祸，当地百姓重新维修宋代小宁城，以为保聚之所，小宁城再次发挥了保境安民的作用。咸丰十年（1860），"李蓝之乱"波及平昌，小宁城又再次得以修缮，并再次成为护佑当地百姓生命财产安全的重要堡垒。

据调查，小宁城遗址保存较好，现存大量城门、城墙及炮台等城防军事遗迹，尤其难能可贵的是，城内现存3座保存完整的南宋纪年城门及长达数千米的宋代城墙遗迹，在巴蜀地区乃至全国都极为罕见，可为宋代城防建筑之标型器。

（四）古建筑

1. 桃园寺

桃园寺地处光雾山景区腹地，南距光雾山镇2.2公里，西侧紧邻101省道和焦家河支流。这里地势南北高，中部低，焦家河自东向西横贯其间。桃园寺背

图2-43　桃园寺遗址（现为民居）

图2-44 桃园寺残存之塔刹

图2-45 桃园寺调查工作照

靠大山，面向河谷，视野开阔。

寺庙已不存在，遗址上建有民房。民房背后发现塔身构件之塔刹，由砾石打磨而成，塔刹为葫芦形，由两颗宝珠构成。刹尖残长29厘米，上珠长25厘米，直径约42厘米，下珠长32厘米，直径约85厘米，上下珠结合处长约5厘米。另外，还发现唐宋时期墓葬遗存，但已经被发掘，有残砖的存在。

2.琉璃关古寺

琉璃关古寺位于南江县南江镇元山村一组，地处南江河西岸，河岸上为琉璃路。琉璃寺始建于清光绪十一年（1885），处于南江县琉璃路原"琉璃关"

图2-46 琉璃寺

遗址内。琉璃寺背山面河，大殿紧依陡壁而建，大致坐北朝南，由主殿和偏殿组成。主殿为偏殿寺庙内一观音龛，已被后人妆彩，原貌不存，以现貌观之，为送子观音像。

（五）石窟寺及摩崖造像

米仓道是佛教艺术入蜀的重要通道，早在隋唐之际，米仓道沿线就出现了不少精美的佛教石窟，至盛唐时期臻于鼎盛，其中又以米仓道南段的巴中地区最为集中。巴中是川东北地区佛道石窟造像最为富集的地区，其中巴州区现存石窟74处，647窟（龛），造像共计9000余身，绝大多数为唐代作品，少数开凿于隋代、宋代和明清时期，主要分布于巴中市巴州区的南龛、北龛、西龛，水宁镇的水宁寺等地。由于这些石窟造像资料都已公布，此处不再详述，仅简介如下。

1.南龛石窟

南龛石窟位于巴中市城南五公里的南龛山上，造像主要分布在云屏石、山门石、大佛洞一带。现存大小龛窟176个，造像2700余身。造像密集分布于整片

图2-47　南龛摩崖造像局部

崖壁之上，犹如蜂巢，十分壮观。南龛摩崖造像部分龛窟时代或可早至隋代，盛行于唐代，宋代、清代、民国时期续有开凿。南龛摩崖造像规模宏大，保存状况较好，题材内容丰富，装饰美观，技巧高超，龛窟类型以各种佛帐形龛为主，卢舍那佛、双头瑞像、地藏、观音等题材独具特色，是我国唐代佛教艺术之精品。此外有数量众多的题记铭文，可为造像分期断代及妆彩维修情况提供重要参考。

2. 北龛石窟

北龛石窟地处巴中市城北1公里的苏山之麓，始凿于初唐，以盛唐造像最多，晚唐和明清续有开凿。现存造像34龛，348身。造像精美，题材多样，龛形多外方内圆佛帐形龛，有菩提瑞像、药师观音地藏、一佛二弟子四菩萨天龙八部等题材和组合，此外还有主尊为天尊和释迦佛并坐的佛道合龛，是研究唐代佛道关系的重要实物材料。

图2-48 北龛石窟局部

3. 西龛石窟

西龛石窟位于城西约1公里的凤谷山西龛村，造像主要集中在佛爷湾、流杯池、龙日寺三大区域。西龛始凿于隋代，现存造像以唐代为主，少数为清代续凿。现存造像92龛，共2118身。其中流杯池西方净土变龛内雕刻的天宫楼阙刻画精细且保存完好，是研究唐代建筑艺术的重要材料。

图2-49　西龛佛爷湾石窟局部

图2-50　流杯池净土变龛中的天宫楼阙

4. 水宁寺石窟

水宁寺石窟位于巴州区水宁镇水宁村，造像分布于水宁寺、千佛崖、佛龛村和二郎庙等区域。共计造像39龛，共计316身。其中千佛崖地点多属道教摩崖造像，时代约在隋至唐初。水宁寺摩崖造像时代多在盛唐到中唐时期之间，造像尤其精美且保存完好，气势夺人。

图2-51　水宁寺石窟局部

（六）碑刻题记

1. 菖蒲涧太子洞摩崖题刻

太子洞摩崖题刻位于南江县南江镇太子洞社区朝阳村二组的菖蒲涧岩洞内，因传章怀太子曾留居于此而得名。太子洞为一岩厦洞穴，平面略呈不规则三角形。洞内现存摩崖题刻13幅，主要刊刻于洞壁之上。根据题刻所处位置分析，此洞在刊刻题刻之后曾出现垮塌现象。以洞窟方向为准，右壁由外向内，由上及下，依次编号为太T1—太T7；左壁由内而外、自上而下依次编号为太

T8—太T13。①此外，太子洞外右侧石壁上现存摩崖题刻2幅，现已全部风化，无法识读，但遗迹尚在，暂编号为太T14、太T15，现分别介绍如下：

（1）太T1

太T1位于太子洞右壁外端，刻于南宋嘉定壬申年（1212），题刻幅面略呈长方形，宽72厘米，高40厘米，距地约2米，摩崖，楷书，字径约8厘米，文字保存较好，清晰可识，其文如下：

嘉定壬申仲/春，三城郭仲/深摄事集山。/清明后一日，/游菖蒲涧，访/寻古岩。眉山/扈才叔、小益/刘温叔、潼上/杨珍父同来。

图2-52 太T1题刻

图2-53 太T2题刻

（2）太T2

太T2位于太T1下方，石刻呈长方形，宽71厘米，高37厘米。居中刻"蒲涧"二大字，字径约26.5厘米。字体怪异，"涧"字偏旁为"石"，"石"字之"口"写作"凹"，②首题纪年为"丁未中冬"，②尾题落款为："江右刘若珩子佩书"。

（3）太T3

太T3位于太T2内侧，刻于南宋绍兴庚辰年（1160），幅面呈长方形，宽1.12米，高0.53米。摩崖，行书，共计

---

① 《蜀中广记》、道光《保宁府志》、道光《南江县志》、民国《南江县志》、《三巴金古志》、《金石苑》等书中有载有唐开成四年武功男子《菖蒲涧记》，调查中未发现。

② 根据T12可知此处"丁未"为清光绪三十三年（1907）。

9行，字径约5厘米。其文如下：

图2-54　太T3题刻

　　绍兴庚辰上/巳，游菖蒲涧，/饮于碧岩，效/晋人祓褉故/事。颍昌王芹、/宕渠韩庆孙、/开封乔嘉、成/都周端行、男/夏卿，凡五人。

（4）太T4

太T4位于太T3左上侧，刻于明天启二年（1622）。幅面略呈长方形，宽57厘米，高55厘米。摩崖，前半段为楷书，后半段为草书，共计13行，字径约3厘米，其文如下：

　　天启二年壬戌清明后二日，桂林/蒋邑侯次公讳佳弼同豫章刘定汉、剑/阁郑维清、集山岳气定访古菖蒲涧，携/觞而游。将彻，忽传蒋长公讳佳辅者赇/奚囊至，开视之，有二佳句，座中三四人遂/因韵成律，用镌石以识于后。

其后为草书步韵诗文，风化较甚，难以辨识。结合四川省文物考古研究院[1]和艾茂莉[2]的辨识，重新释读如下：

　　携酒辞春行，涧□景况新。（蒋）龙潭波深深，仙洞石磷磷。（郑）苔色如铺锦，水声似鼓琴。（刘）胜游难再得，何日复登临。（岳）

① 四川省文物考古研究院、巴中市文物管理所、南江县文物管理所：《四川南江县太子洞遗址调查简报》，《四川文物》2012年第6期。

② 艾茂莉：《南江县菖蒲涧题刻小考——兼论从文物到载籍的嬗变》，伏俊琏主编：《写本学研究》第二辑，商务印书馆，2022年，第153—163页。

图2-55　太T4题刻及拓本①

括号内的姓为联句者，非艾茂莉所谓后刻者。

（5）太T5

太T5位于太T3内侧，刻于南宋淳熙甲辰年（1184）。题刻高1.08米，宽66

---

① 本报告太子洞的题刻拓片均引自四川省文物考古研究院、巴中市文物管理所、南江县文物管理所《四川南江县太子洞遗址调查简报》（《四川文物》2012年第6期），后文不再一一注明。

厘米，摩崖，行书，共计5行，行8字，字径8～10厘米。保存完好，清晰可识，全文如下：

李溟、李国用、杨义仲、/勾成允、唐棣，淳熙甲/辰正月晦来游，时春/日融明，惠风和畅，为/兰亭之饮以归。启侍。

图2-56　太T5题刻拓片

（6）太T6

太T6位于太T5左上侧，年代不详，文字剥蚀严重，仅存"二十八"三字，字径约2.5厘米。

（7）太T7

太T7为方形题刻，宽52

图2-57　太T6题刻

图2-58　太T7题刻

图2-59　太T8题刻

图2-60　太T9题刻

厘米，高55.5厘米，仅有边栏，未刻字。

（8）太T8

太T8位于洞左壁最内侧石壁上，下部因岩石垮塌，毁不存，现残存"同""记"等6、7字，楷书。

（9）太T9

太T9位于洞左壁内侧，现存文字4行，从左至右书写，尺幅宽17厘米，高33厘米，摩崖，楷书，字径约3.5厘米，全文如下：

庚辰仲夏念五日，被/橄模字刻石于岩，三/日乃就，罗祖修、张岗、/毕成谨记。

（10）太T10

太T10位于太T9外侧，正对洞口，刻于明嘉靖十三年（1534）。长方形题刻，宽59厘米，高39厘米。摩崖，隶书，共计19行，字径约2～3厘米。其文如下：

南江县儒学训导马元吉，字子修/，号悔斋，别号明山居士。嘉靖三年/甲申十二月二十五日到任。十二年/癸巳九月二十五日任满。任内崇礼/节义，劝进生徒，赞建学宫，创纂/邑志，集有《日益》《日愤》《读书疑》等，/录若干册。兼便益田粮，救活疫命，/收养遗孤。曾蒙本府知府王公"以学/识优长、训课勤笃"等语慰勉。巡抚/宋公以"政理俱优、操守无玷"奖励。提/学刘公以"渊源之学、纯粹之行"奖励。/甲午秋，方升任六安州学正。兹去/后，凌霄等谨刻之石，以示不忘云。/大明嘉靖十三年甲午冬十月望旦，/林下九十叟岳凌霄，/寿官岳贵，留官岳嵩，/门下太学生李朝

图2-61　太T10题刻及拓片

阳，庠生董鸾、岳右□/同四郡父老。岳时涛刻于/菖蒲洞石壁。庠生岳惟贤谨书。

（11）太T11

太T11位于太T10左下侧，刻于宋绍兴十八年（1148）。长方形题刻，宽99.5厘米，高47厘米。摩崖，楷书，字径约5.5厘米。全文如下：

广都蒋城、吴大年，/古郫李椿，秦亭权/师雄，大梁赵恂，阆/中冯时，同谷米居/，约以绍兴十八年/九月十有四日，访/古菖蒲洞，观唐人/武功子石刻。置酒/碧岩溪，效柳子序/饮。损其筹为一题/名以授之。或回、或/止、或沉者皆赏，惟/直前无垣滞则免。/坐客率三四饮，笑/歌谐嬉，终日乃罢。

图2-62　太T11题刻

（12）太T12

此刻位于太T11左上侧，刻于清光绪丁未年（1907）。长方形题刻，宽80厘米，高44厘米。摩崖，行草，字径约3厘米。全文如下：

光绪丁未九月二十/九日，偕徐蓉生、刘/子珮、陆王书游菖/蒲涧。/凝驾天凰壁上行，长/松谡谡羽衣轻，碧岩/红树看无尽，叠磴/流泉落有声。此/际缘秋如送客，经/年访古倍关情。/游踪到处留鸿印，/试拂苍茫为署名。/雪苑词人王光圻/仲郊甫吟藁，/石工尹。

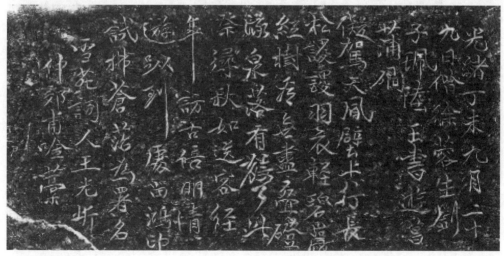

图2-63　太T12题刻及拓片

（13）太T13

此刻位于太T12外侧，是太子洞左壁最外侧题记，刻于北宋政和元年（1111）。幅面呈长方形，宽41厘米，高36厘米，摩崖，行书，共10行，字径约3.5厘米。保存基本完好，其文如下：

> 有宋政和改元，清明后一/日，权县事长安杜德机元/发，访菖蒲之溪，薄寻其源，/言采其药。转步而返，则抠/衣碧岩，屏石而坐，解带古/床，幄云而息。然后扫开武功/贤刻，游匜龙潭灵派，使/人忘名利途，识烟霞乡，迟/迟归郭，凡回首也数矣。时/将赴九支令，颇恨得此之晚。

图2-64　太T13题刻

除洞内题刻外，太子洞外右侧崖壁上尚存摩崖题刻两幅，其一编号太T14，为长方形，边框尚在，内容全无。其二编号太K15，亦风化严重，仅"涧碑记"等字可识。2013年，四川省文物考古研究院对太子洞摩崖石刻进行调查时，此刻大半尚可识读，当时名之为"杨子山等游菖蒲涧题记"，并进行了锤拓，现据拓片，参考四川省考古院调查简报和艾茂莉文章，录文字如下：

　　大宋政和元年辛卯岁/二月二日，同县吏李大悲、/冯子茂、王四都、杨工士/因找（？）寻菖蒲涧碑记，/至二十一日方寻见，甚喜。/县押录杨子山谨记。/元年三月十四日来监镌讫。/杨子山□□□□□。

图2-65　太T14题刻　　　　　　　　　　图2-66　太T15题刻及拓片

　　2013年省考古院调查太子洞摩崖石刻时，还记录了一方题刻，位于菖蒲涧左岸，距太子洞洞口约8米，刻于清光绪三十三年（1907），共计7行，合43字，字径约10厘米，本次调查未见此题刻，谨附省考古院调查内容如下：

　　丁未仲冬月/二十日，余偕刘君/子佩复游于此。/以折脚当（？）游菖蒲，/饮坐翠（？）石上，不识/古涧□□有清于/此。□□记（？）。①

2.石板河碑刻题记

石板河又称"野洋溪河"，位于南江县沙河镇红光村四组，是米仓道南江段重要的途经地，河流两岸现存古道古桥及大量碑刻题记、造像龛窟等遗迹。石板河碑刻主要记述历代修路造桥之史实，具有重要的研究价值。查以往调查资料，未见正式考古报告。此次实地调查发现，石板河一带现存石碑9通，编号石B1～石B9；摩崖题刻11幅，编号石T1—石T11；龛窟4处，编号石K1—石K4。现分类介绍如下：

（1）石B1

石B1立于石板河古道一侧红砂石岩体上，是石板河碑刻中所处位置最高的。此碑为六面柱碑，高2.65米，每面宽34厘米。碑顶原有碑帽，后被人为掀翻，残石被弃于碑侧约6米处。碑下有六面体碑座，宽55厘米，高10厘米。碑附近岩石表面残存长方形、圆形柱洞多处，推测此处原或建有碑亭。

此碑六面皆刻有文字，部分风化，大部可读。其中一面额书"永垂不朽"四大字，楷书，外环圆圈，字径稍大。序文楷书，风化相对严重，内容大致如下：

> 古有云："见说蚕丛路，崎岖不易行。"②斯言也，诚知蜀道之难矣。今我□□此河以□□□□，上通陕汉，下达西川，适往来之通衢也。虽自明至清，代经补修，奈所历已久，不无崩□，□□□多，难免毁坏，倘不/复古重修而出于其途者，关山难越，谁悲失路之人，萍踪相临，徒增□□之感。虽有本乡□约士民人等，□□□□，心□行旅，顷心向善，募化十方，命匠鸠工，改险就平，整□从□。徒步而来者，咸歌王道/之荡□（荡？），驾车而往者，悉遵王路之平平也，是为序。

---

① 引自四川省文物考古研究院、巴中市文物管理所、南江县文物管理所：《四川南江县太子洞遗址调查简报》，《四川文物》2012年第6期。

② 诗出李白《送友人入蜀》，全诗为："见说蚕丛路，崎岖不易行。山从人面起，云傍马头生。芳树笼秦栈，春流绕蜀城。升沉应已定，不必问君平。"形容蜀道之难行也。

其后为南江县官吏捐资留题，字体较大，字径约6厘米，内容如下：

> 特授南江县□堂贾、周老爷出银十二两，/特授署南江县正堂杨、李太爷出银二十两，/南江县补厅、驻防张、黄老爷出银十二两。

其后五面均刻人名及捐资金额，字体稍小于前者，此不尽录。碑末落款为：

> 大清乾隆四十九年岁叙甲辰季秋月廿八日立吉，石匠刘敬先刊。

据碑文可知，石板河一带在明代之前即为通衢大道，古道上通陕汉，下连西川，明清时期曾多次维修。碑文所载为清乾隆四十九年（1784）维修古道之事，碑身有人为毁凿之痕迹，部分内容被凿毁。此碑文字众多，叙事清晰，对于研究石板河古道之兴起及维修具有重要史料价值。

图2-67 石B1局部照　　　　　图2-68 石B1附近窝槽

（2）石B2

石B2位于石B1下方约50米处古道右侧的树林平台之中，碑为长方形柱碑，高1.4米，宽31.5厘米，顶部原有碑帽，现已被掀翻丢弃于碑旁。此碑三面刻字，顶部分别刻有"永垂万古""万善同归""复古补修"的题额，楷书，字径约7～8厘米；碑文楷书，字径约2～3厘米。碑文主要内容如下：

　　盖闻积善之家，必有余庆；作福之人，自有天知。诚过桥修路，

□□□□□野洋溪道路桥樑，镌石□□补而……/使行人有险阻之忧，而无

荡平之欢。兼之庙雨洒，瓦桷毁□，我等不忍坐视，□（金？）簿募化，

远近信善，不吝锱铢……/□工程告竣，□石垂铭，以表众善云耳……

其后皆为倡建、捐资人名及所捐金额，此略不录。文末落款为：

　　大清道光六年岁次丙戌孟冬月二十四日吉旦，匠师张子魁刊立。

　　据碑文可推知，此碑或为清道光初年募化修路而立。根据文中提到的"神
庙雨洒"等语句，可知此处原有寺庙，故在修桥补路之际，不排除有修葺庙宇
的可能性。石碑部分文字被人为凿毁，錾痕清晰，碑帽亦被掀翻丢弃，可知此
碑曾被人为破坏。

图2-69　石B2与碑帽

　　（3）石B3

　　石B3位于距石B2数米之外的古道左侧基岩上，形制与石B2相同，碑高1.27
米，长35厘米，宽29.5厘米。此碑额书"复古补修"四字，楷书，字径7.5厘
米，碑文风化剥蚀严重，仅少量人名可识，楷书，字径2～3厘米。根据残存碑

文判断，此碑或为补修道路所立之功德碑记，其碑刻形制及碑文格式与石B2几乎完全相同，时代亦应相当，大致约清代中后期所立。

图2-70　石B3　　　　　　图2-71　石B4

（4）石B4

石B4为长方形石碑，立于距石B3约3米处的古道右侧岩石上。此碑风化严重，文字不存，内容及时代不详。

（5）石B5

石B5位于石板河古道路亭外侧，略呈长方形。碑文被人为凿毁，但依稀可辨，隶书，全文如下：

不要土豪劣绅/再当公/事！

落款为行书，字径稍小，内容为：

国十八军独立/□政治部。

据碑文，此碑立于民国时期，或为红军题刻。

图2-72　石B5

（6）石B6

石B6位于石板河古道路亭右侧，靠近观音龛，形制与石B2、石B3相似。高2米，宽32厘米。三面刻字，额书"慈航普度""永垂不朽""同结善缘"等字，字径约6厘米。正文楷书，字径约4厘米，主要内容如下：

尝谓神恩浩荡，□德□望之严然，人所瞻仰者，惟我境野洋溪/南无观音菩萨，随感应有□则□，人莫不曰观音老母。广发慈悲，求锡无已之仁；士民商贾，长荷荫□之力。实为斯……/装塑金容。兹因来朝者众，地势有狭，朝拜者退步颇险，我等目击心伤，持簿募化四方，钱粮前□虚□重……/士民商贾，无不踊跃，□□共结善缘，神必锡福无边矣。□（众？）者大功告竣，勒名以记，万古不朽也云尔。

其后为人名及捐资数额，此不尽录。
文末落款为：

皇清乾隆五十四年岁……

此碑为乾隆五十四年（1789）维
修观音神像之功德碑记，为造像断代
提供了重要纪年参考。

（7）石B7

石B7位于石B6右侧约20米的古道
内侧岩厦下，碑为方形柱碑，顶部有
四角攒尖碑帽，整体保存较好。此碑
总高2.63米，宽36.5厘米，碑帽高20
厘米，宽68厘米。碑身三面刻字，正
文字径约4厘米，主要内容如下：

图2-73　石B6

从来舆济传泽国之遗爱，梁
成颂王政之体声，自古及今，所以贞涉川之利也。兹有南邑之西名曰野洋
溪河，上通陕汉，下达巴苍，虽非利川大河，亦……/工命匠，建修成桥，
亦谓中流砥柱，坚如金石，谁知洪波巨浪，毁而难全。嗟乎！昔年之艰辛
宜恤，今日之历揭难堪。驾车者临河思返，徒步者……重……/人，君子时
来，病涉之嗟。是以本境会首等，持部遍募，择工补修，且幸人人信善，
喜布乐施。个个倾心，趋事赴功。迄今梁工告竣，勒石垂名，庶……/古今
来，众善之首，莫若造梁，而果福之报，端在捐资也，是为序。庠生张鹏
万撰。

其后为善众之名及捐资数额，此不尽录，居中为南江县官吏捐资铭刻，字
径约6厘米，内容如下：

南江县正堂仁廉杨太爷捐银四两、驻防司厅杜老爷捐银二两。

文末落款内容为：

龙飞乾隆四十四年三月 立吉/石匠崔成荣刊。

图2-74　石B7全景

由碑文可知，石板河虽非利川大河，但地理位置重要，为沟通陕汉与巴苍之地的重要通道。河道之上曾建有桥梁，但后被洪水冲毁，乾隆四十四年（1779），当地会首募化重修，县官亦参与捐资。此碑下部受潮，文字磨灭难识，但大部文字清晰，内容清楚，是研究石板溪古桥修建历史的重要资料。

（8）石B8

石B8位于石板河古桥桥头，形制与石B7相同，通高2.65米，宽40厘米，碑帽高50厘米，宽60厘米。碑额楷书"乐善桥"三字，字径7～10厘米，正文楷书，文字稍小，字径3～4厘米，内容如下：

石板河旧有渡桥，在滩下流，桥畀水高，叠修叠坏。秋夏溪涨，沮水者无从问津，/故须桥尤急，然非有力者不能为，非乐善者亦不肯为也。甲寅九月，唐君纯武/首倡义举，捐钱八百缗，役匠夫数十人为石桥三拱，高二丈余，行旅相庆，以为/此一人之功，万人之便，而不朽之业也。乙卯五月，溪水大至，三拱土石竟成乌/有，呜乎惜哉！是年冬月，唐君纯武□（伤？）前功之尽弃也，善果之难成也，岂匠师之不/善耶？抑用志之未专耶？临流悼叹，决意再举。而境内诸公亦喜唐君之志之愈/坚，费之不惜，劳之不□也，相与玉成其事。益之募化，共勤善举。爰寻古迹，就石岸作基，为一大拱以渡，较向之费加十之三四，而唐君之力十居八九焉。丙寅/三月，桥成。历夏及秋，水甚而桥无恙，乃始勒石以志，并列捐资姓名于左。嗟乎/损己以利人人，情所难也，有始必有终，尤人情所难也。唐君此举为名欤？图报/欤？亦于其所能为者，乐行其必为之志而已，履斯桥者，有感君之惠，嘉君之志而/好善乐施之心，不亦可□蹴然起乎。后之仁人君子嗣而葺之，谨视而周防之，/庶斯桥之不朽也。

文末落款为：

> 夫总领国学唐纯武，经理邹魁斗、唐纯儒，/本邑明经士朱肇徽谨识，/府学文庠生梅含锐敬书。/大清咸丰八年□序戊午孟夏彀旦□（吉？）立。

其后为善众姓名及捐资金额，此不录。

此碑记述咸丰八年（1858），唐纯武在石板河修桥之事，详述了此地桥梁屡建屡毁的史实及两次重建之经过，对于考证石板河桥梁修建历史及桥梁形制演变具有较为突出的价值。

图2-75　石B8侧面

图2-77　石B9题刻

（9）石B9

石B9为圆首碑，位于石板河右岸，与古道路亭隔河相望，立于基岩上开凿的碑槽中。高79厘米，宽55厘米，厚10厘米，额书"功成福至"四字，楷书，字径约6厘米。正文字号较小，风化剥蚀严重，难以识读。文末落款时间基本可读，内容为：

道光四年九月望八日立。

石板桥一带除石碑外，还有数方摩崖题刻，主要记述此地修桥、造路和塑妆观音、文昌菩萨等事宜。因部分石刻刊刻于崖壁高处，调查时未能测得具体数据，先介绍如下：

（10）石T1

石T1位于石板河古道路亭左侧崖壁上，与石B3相对，长方形题刻，高1.53米，宽2.43米。题刻左右各有石刻楹联，题刻内容风化剥蚀严重，难以识读。

图2-78　石T1与古道

（11）石T2

石T2位于石B4左侧，观音龛右侧，为长方形题刻。石T2刻于清道光十一年（1831），为观音龛重刊妆彩记，文字保存基本完好，内容如下：

> 善不在大，作之者贵德□（行？）□□□□/者深。今兹/大士圣象瓦解，重刊金身，以为积善/作福者哉。

其后为善众姓名及捐资数额，此略不录。文末落款基本可识，内容为：

> 道光十一年一月十九日匠师□□□

图2-79　石T2题刻

（12）石T3

石T3位于石B6右侧崖壁之上，紧邻石K2，或为石K2开龛题刻。幅面略呈长方形，正文楷书，内容基本可读，全文如下：

> 大清国四川北道保宁府南江县/长池乡地名野洋溪□□□/信士晏礼文、同缘贾氏。/道光二十二年冬月十五日发心。

（13）石T4：北宋宣和题刻

石T4位于石T3与石B6之间，古道内侧崖壁上，距地面约2米，直接刊刻于岩石

图2-80　石T3题刻

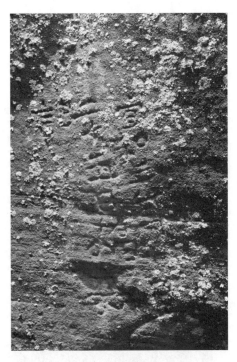

图2-81 石T4北宋宣和题刻

图2-82 石T5补修桥梁碑志

上，楷书，刻划较为随意，内容为：

宣和三年十月二十五日桥□记

宣和为北宋徽宗年号，宣和三年即公元1121年，此题刻可证明至迟在北宋末年，石板河一带已为通衢大道，且彼时已建有桥梁。这对于研究石板河古道及古桥兴衰历史有重要价值。

（14）石T5：补修桥梁碑志

石T5刊刻在石B7后侧崖壁之上，略呈长方形，距地约2米，正文行书，内容基本可识。内容如下：

补修桥梁碑志/盖闻善与人见，不是真善；恶恐人知，便/是真恶。兹特补，何敢自矜功德乎哉？/不过傍岩刻名，以垂不朽焉耳。/广邑文生苏含珠书。/出资袁成海、刘洪印，众姓地主唐玉级、苏三兴。/道光二十二年二月十八日匠师刘兆福、张子奎并刊。

（15）石T6

石T6刊刻于石K3文昌帝君龛外围，为石K3楹联。均为楷书，横额为"文衡之宗"，左联为"教亦夺书"，右联为"文不在兹"。

图2-83　石T6题刻与石K3龛

（16）石T7

石T7刊刻于石K3右侧约2米处的整石面上，与石T8紧密相邻。幅面呈长方形，正文楷书，字迹保存基本完好，但有后人增刻破坏（刻"胞们我们"几字），全文如下：

发心补修，旧信毋道。因先年/本县太爷□（杜？）建立成桥，近值风雨飘□，木植朽□，自备资/财，补修桥梁，蓬排房二座，以祈子嗣早成。/上同文母国豸张氏，/修桥善信毋道，/同禄余氏石氏。/万历卅六年十月十八日立，石匠周上仪。

图2-84 石T7题刻

图2-85 石T8题刻

此题刻记述万历三十六年补修桥梁之事，具有较为重要的史料价值。

（17）石T8

石T8位于石T7右侧，刊刻于规整石面上，幅面略呈长方形，全文刊刻随意，内容基本可识，主要内容如下：

> 尝闻道在人弘，修在己生。由我积福□天，诚在是言也。如我境/野洋溪 观音庙内诸佛、菩萨虽未全而神像但显，然维新而独少/文昌圣像一座，余心□捐资圣像，独力难持，况斯神文衡之宗，救难济善，普天同庆。/余等故募化四方，仁人君子，锱铢刊刻。/圣像望回，辉煌功成，告□名刊石傍，以为乐善不倦云耳。何起琯书。

其后为会首及捐资众姓人名及金额，此略不录。文末落款为：

> 咸丰五年二月十九日匠师杨之明。

由全文可知，此题刻当为石K3开龛题刻，记述此地善众募化捐资，开凿文昌圣像之事，可为石K3提供年代判定依据。

（18）石T9

石T9位于石T8右下侧，摩崖，行书"忍让"二字。

图2-86　石T9题刻

（19）石T10

石T10位于石T8右侧至石B8之间崖壁之上，长方形题刻，摩崖，楷书，高70厘米，宽45厘米，字径1～14厘米，后半部分风化严重，现存内容如下：

公议／养生塘／上□锁口……。

（20）石T11

石T11位于与路亭隔河相望的石K4左侧，或为石K4开凿题记，题刻风化严重，内容不详。

图2-87　石T10题刻

图2-88 石T11题刻

图2-89 石K1观音龛

石板河一带现存龛窟4处，其中石K1为观音龛，根据石B6及石T2可知，观音龛开凿时间至少在清初，乾隆五十四年（1789）曾经维修，道光十一年（1831）再重刊金身，现存龛窟或为道光所凿。龛为单层龛，内刻造像3尊，观音居中，头戴宝冠，身着U领袈裟，结跏趺坐式，善财龙女分立左右。

石K2位于石T3右侧，方形单层龛，内刻盘古（日月真人？）造像1尊，头饰纶巾，身着袍服，手托日月，足踏"U"形物两端。根据其与石T3之位置关系判断，石T3或为石K2之开龛题记，石K2或开凿于清道光二十二年

图2-90　石K2龛

图2-91　石K4龛

（1842）。又石K4龛形及造像内容与石K2几乎相同，其题材及修造年代亦应相近，约为清代中后期所造。

石K3略呈方形，龛楣呈波浪形，内刻文昌帝君一尊，头戴高冠，身着袍服，腰间系带，端坐于太师椅上。龛外有楹联，横批为"文衡之宗"，左联为"教亦多术"，右联为"文不在兹"。据石T8可知，清咸丰五年（1855），当地信众以神像未全，独缺文昌，于是募化功德，开龛造像。石T8即为石K3之开龛题记。

图2-92　石K3：文昌帝君龛

3.琉璃关摩崖题刻

琉璃关遗址位于今南江县东南江镇元山村一组的江岸台地上。调查中共发现摩崖题刻6幅①，其中4幅位于琉璃寺右偏殿内之崖壁上，编号从琉T1至琉T4，另外两幅位于古庙左侧两块砂质岩石上，编号琉T5和琉T6。题刻时代自

---

① 据琉璃关文物保护碑，此处现存题刻5幅；四川省文物考古研究院、巴中市文物管理所、南江县文物管理所调查此地时，仅录有关修路及战争相关题刻3幅，据我们调查发现实有摩崖题刻6幅。

宋至民国，内容涉及修路、造像及宋金战争等史实，具有较为重要的史料价值。

（1）琉T1

琉T1刊刻于琉璃寺右偏殿砂岩之上，据地约3.2米，幅面呈长方形，高36厘米，宽31厘米。[①]共有文字7行，行书，内容如下：

> 古道边江，夏水暴涨，则/不便往来。命道人何永德/凿崖栽石以取道焉，庶为/千古不朽之迹。谨题流离关。/大宋癸亥嘉泰三年秋。/纠首侯南基泊当境信士。/石匠赵忠顺记，张刚书。

此刻记述南宋宁宗嘉泰三年（1203）凿崖修路之事，于米仓道南江段凿修历史颇可参考。

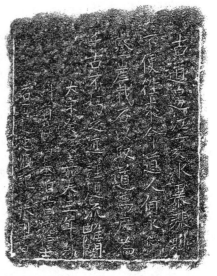

图2-93　琉T1题刻及拓片[②]

---

① 由于题刻刊刻位置较高，调查时难以测量，数据引自四川省文物考古研究院、巴中市文物管理所、南江县文物管理所：《四川南江米仓道调查简报》，《文物》2013年第9期。

② 拓片引自四川省文物考古研究院、巴中市文物管理所、南江县文物管理所：《四川南江米仓道调查简报》，《文物》2013年第9期。

（2）琉T2：禁养生潭题刻

琉T2为禁碑，位于琉T1右侧，长方形题刻，尺幅较之琉T1为大。摩崖楷书，高1.75米，宽85厘米，全文9字。题额从右至左书"南江县正堂"五字；题刻正文竖书"禁养生潭"四字，字号较题额略大。整个题刻保存完好，年代或为清代。

图2-94　琉T2：禁养生潭题刻

（3）琉T3：古琉璃关题刻

琉T3位于琉T2右侧，观音龛上部，长方形题刻，正文四字较大，落款为楷书，字号稍小。全文内容如下：

古琉璃关。/光绪乙酉新秋日立/赐进士出身知南江县事孙清士书。

（4）琉T4：观音大士题刻

琉T4位于琉T3下部，观音龛右侧，为观音龛开龛题刻。观音龛左有"观音"二字，右侧有"大士"二字，然观其字迹，疑为新刻。龛右之琉T4为长方

图2-95　琉T3题刻、琉T4题刻及观音龛

形题刻，刻字4行，摩崖，楷书，全文如下：

> 大清光绪乙酉年九月立。/郑德能、姚光元、/张丙阶、侯廷才、/孟贵先匠师五人同雕神像。

此观音龛已为后人彩妆，原貌不存。以现貌观之，为送子观音像。

（5）琉T5：云峰石记

琉璃寺左侧有一巨石，琉T5即刻于其上。幅面为长方形。文字有部分风化，记述民国元年（1911）十月三十日，涪陵人陈栋梁与友人赴县东琉璃关寻宋人遗址，见一奇石，引为生平未见，于是大喜，并名之曰：云峰。鉴于其与古道无涉，此略不录全文。

图2-96　琉T5题刻：云峰石记

（6）琉T6

琉T6刊刻于云峰石左侧不远之另一砂岩上，现题刻后半部已被掩埋，仅可见"绍兴""兴元""十五日"等文字，现据四川省文物考古研究院调查资料，录全文如下：

> 绍兴三年二月/十五日，金贼范（犯）/兴元府。/弓级任荣记。

此题刻为宋金战争的重要实物，具有重要的文献价值。

图2-97　琉T6：绍兴三年题刻及拓片[①]

4.二洞桥摩崖题刻

二洞桥遗址位于今南江县东榆镇战斗村一组，调查中总共发现摩崖题刻2幅，分别位于省道101线下方崖壁及河岸巨石之上，编号为洞T1和洞T2。现分别介绍如下：

（1）洞T1：郑子信移险造阁记

洞T1位于省道101线分出通往江边之小公路内侧崖壁上，据地约3.5米，长方形题刻，高52厘米，宽27厘米。[②]题刻上方崖壁有一浅槽，或为旧时安装防雨建筑之卡口，题刻风化剥蚀较甚，文字识读不易。全文如下：

天宝四载，太守/郑子信，此南北/路移险造阁记。

---

① 拓片引自四川省文物考古研究院、巴中市文物管理所、南江县文物管理所：《四川南江米仓道调查简报》，《文物》2013年第9期。

② 数据引自四川省文物考古研究院、巴中市文物管理所、南江县文物管理所：《四川南江米仓道调查简报》，《文物》2013年第9期。

图2-98　洞T1：郑子信移险造阁记题刻及拓片①

（2）洞T2：红军标语

洞T2位于洞T1右侧百余米的江边，以位置观之，旧时当在二洞桥遗址一侧。题刻直接刊刻于江岸巨石之上，尺寸不便测量，内容剥蚀极甚，仅数字可读，内容为红四军政治部所题打倒国民党的标语，残文如下：

打倒国／民党的／□□政／□！／红四军／政治部

---

① 拓片引自四川省文物考古研究院、巴中市文物管理所、南江县文物管理所：《四川南江米仓道调查简报》，《文物》2013年第9期。

图2-99 洞T2题刻：红军标语

除上述两幅题刻以外，四川省文物考古研究院及巴中、南江文物管理部门在2013年针对米仓道南江段的调查中还发现一幅清嘉庆年间所刻摩崖题记，名之为"裘良骏奉旨招抚示谕题记"，惜此次调查未见。据省考古院调查简报，此石刻位于南江河东岸，刊刻于河岸岩层陡壁之上，距地1.9米，题刻宽40厘米，高57厘米，全文如下：

图2-100 裘良骏奉旨招抚示谕题记拓片①

奉/旨：不论各贼，/逃出免死。/署南江县裘、/委管团练钱仝示。

① 拓片引自四川省文物考古研究院、巴中市文物管理所、南江县文物管理所：《四川南江米仓道调查简报》，《文物》2013年第9期。

5.龙王亭摩崖题刻

龙王亭摩崖题刻位于南江县城南约3千米、省道101线下方南江河西岸崖壁之上的地方。经调查，龙王亭摩崖题刻现存6幅，从北至南依次编号为龙T1—龙T6，现分别介绍如下：

（1）龙T1：有龙则灵题记

此题记刊刻于石壁之上，打破了龙T2、龙T3两幅明代题记。幅面呈长方形，居中从右至左，横书"有龙则灵"四个草书大字，字径约55厘米。题刻左侧有叙事铭文，字号较小，字径4厘米，摩崖楷书，其文如下：

> 光绪甲申夏旱，同阁疾首，官吏警心，同寅/祈祷，隍庙共相愁叹。适刑吏张丙阶称/述，此处渊深，水里疑有龙宫，兼土人相传，/常有异物影露。同寅刻即更衣乘舟至彼，/用以龙虎相斗之法虔诚祈祷。是晚，月朗/星稀，突至夜半，甘霖大沛，年称大有。爰以/亲书"有龙则灵"四字，志其灵感斯通之实/事耳。

题刻右侧有落款，其文曰：

> 南江县知县孙清士书，/教谕刘邦彦，/训导陈家修，/把总陈仲溶，/右堂刘斯以。特谕此潭永作养生，违者，许令/地邻禀究。刑吏张丙阶，匠师苏万成经造。

图2-101　龙T1题刻：有龙则灵题记

此文记述清光绪十年（1884），南江大旱，县署官吏虔诚祷雨之事，对于研究古代南江地区旱涝气候具有重要价值。

（2）龙T2：禁止早婚题刻

此题刻为圭首摩崖碑形制，高1.73米，宽0.68米，中部被龙T1打破，文字较难识读，其文如下：

> 都察院示谕，军民人等知悉，今后男婚须/年至十五六岁以上方许迎娶。违者，父/兄重责枷号；地方不呈官者，一同枷责。/万历……党正副造。

图2-102　龙T2题刻：禁止早婚题记

明代禁止早婚的碑刻或题刻在四川地区较为常见，反映了当时早婚现象的严峻性和地方政府对早婚的严禁态度。[①]

（3）龙T3

龙T3位于龙T2右侧，尺幅较之龙T2稍大，形制相同。宽71.5厘米，高1.74米，题刻中部为龙T1打破，文字难以识读，其文如下：

> 都察……以小忿打死/……今后军民各/……醉酒者许保甲/……惩治枷号。阿

图2-103　龙T3题刻

---

① （明）王士性《广志绎》载："蜀中俗尚缔幼婚，娶长妇，男子十二三即娶，徽俗亦然。然徽人事商贾，毕娶则可有事于四方，川俗则不知其解。万历十年间，关中张中丞士佩开府其地，每五里则立一穹碑严禁之，每朔望阖邑报院，邑中婚娶若干家，某家男女若干岁，犯禁者重罪之。然俗染渍已久，不能遽变也。"见《历代史料笔记丛刊·元明史料笔记》卷5"西南诸省"，中华书局，1997年，第109页。对明代禁止早婚碑的研究可参见白彬：《四川明代万历年间禁止早婚碑初探》，《四川大学学报》（哲学社会科学版）1990年第4期。

图2-104　龙T4题刻

纵不/……关堡党正副造。

（4）龙T4

龙T4位于龙T3右侧，形制与龙T2、龙T3相同。题刻正文风化剥蚀严重，内容难以识读，唯落款纪年基本可识，其文曰：

万历三十五年十月吉立。

根据题刻残存内容判定，龙T4或与龙T2、龙T3性质相同，皆为明代示谕碑。

（5）龙T5：大中元年题记

龙T5位于龙T4右侧，残损严重，残宽38厘米，残高30厘米，题刻正文风化严重，仅纪年可识，从左至右，其文如下：

……大中元年/……正月上旬

图2-105　龙T5题刻：大中元年题记

大中为唐宣宗年号，大中元年即公元847年。纪年右侧尚存"福""专""界"等字，但字号较大，且书写随意，字体风格与纪年不同，疑为后人增刻。

（6）龙T6：大中元年题记

龙T6位于龙T5右侧，残损严重，残宽33厘米，残高62厘米，题刻正文风化极甚，无法识读。

6.天生桥碑刻

天生桥碑刻位于南江县沙河镇天桥村大桥湾南300米的沙南路外侧，居皇柏林中部，现存柱碑两通，主要记述修桥事宜，编号天B1、天B2。现分别介绍如下：

（1）天B1

天B1为正方形碑柱，靠近悬崖，顶部残缺，碑盖为四角攒尖顶，宝顶已毁。此碑通高1.17米，宽42厘米，碑盖残高26厘米，长68厘米，宽72厘米，额书"为善最乐"四字，字径8.5厘米，正文楷书，字径3.5厘米，内容如下：

图2-106　龙T6题刻

图2-107　龙B1题刻

> 从来未善无非大……/积此微善本示堪……/子始祖龚讳谅盖湖……/子科举人教谕营邑德……/通江所产弟兄四人子……/累蒙神佑后子衣食颇足……/虽增式廓但常产未制恐……/十六年将买陈大刚新屋基□□□□□□□/载粮一分五里经凭　邑侯袁主□□□布施□/观音文昌位下永作登田福地契□彼交会首□/辉二人存执其田地界畔照老约块石鳌宇毫□/首事招僧耕佃不许抵当压借每逢上月会期□/斗辨会支

持侯后子妻熊李氏见子为善有感□/付首事辉煌神像补盖厢廊此亦子夫妇稍培□/人功果盖为会众念子举家作善兴工勒石子会□/来历无非为我子孙所鉴□何敢移言其善哉□/施主　龚有□□□□□□龚荣……/经理会首　柯进福、吴万泰、吴能辉、张兆一、张倬一、唐良弟、龚富有、蒲廷隆、熊其相、陈大经/大清道光二十九年季冬月廿八日匠师……

图2-108　天B2题刻

（2）天B2

天B2位于天B1左侧，靠近路边，碑通高1.13米，宽36厘米，四角攒尖碑盖，长65厘米，残高18厘米，碑名"修福寿桥碑志"，字径13厘米，其下为碑文，字径2.5厘米，主要内容如下：

绪纪，修桥人张正信，年七十岁，系湖广宝□府……/上淘金桥店场生长人氏，父张□耸，母罗氏，所生余弟兄……/三正礼、四正智、余日正信，自壬申岁来川，生理于癸卯年，……/名天生桥，田地一分，独恨界内浇涧崎岖，雨水汲涨行人阻……/安淡泊，不惜散费修造石桥一座，使往来者咏王道坦坦。/张正信、族弟张正禄、四房胞侄张安让、二房胞侄张安证……（其后皆人名，略去不录）/乾隆伍十四年孟秋月望六日毂旦，匠师……

三、初步认识

通过实地调查，我们对米仓道的路线走向和沿线遗存情况有了更切身的了解，也得到了一些初步的看法。

米仓道是蜀道的重要分支，它是连接陕西和巴蜀地区的道路，自汉中沿米仓道可达重庆。米仓道自北向南翻越大巴山，地理环境较复杂，一般沿山谷或河流而行，道路分支较多，行走较困难。因此，米仓道沿线遗存较少，且多集中于山间谷地与河漫滩，如大坝。从调查到的碑刻和摩崖题刻看，米仓道在唐代已经开通，宋代以来不断有维护行为，明清以来仍然作为民间道路继续使用。相对于金牛道，米仓道保存状况稍差，但好于阴平道和荔枝道。米仓道沿线除道路本体外，各种关隘、城址、桥梁、题刻、石窟众多，具有突出的文化遗产价值。

米仓道的开辟在一定程度上促进了沿线区域的经济繁荣和社会发展。但随着米仓道的衰落，米仓道沿线的经济和社会发展受到了极大的限制，再加上沿线地理环境复杂，交通闭塞，导致沿线大部分地区比较贫困。现今国家经济文化建设高速发展，米仓道沿线政府正充分开发利用当地的历史文化资源，完善区域基础设施，发展文化旅游事业，促进沿线经济文化发展。

第三章

荔枝道（洋巴段）

一、概况

荔枝道全称"贡杨贵妃荔枝之道"，是川陕蜀道的重要组成部分。荔枝道自唐代正式开通以来，承载着川东与汉中，乃至关中地区在政治、经济、文化等多方面交流的重任。荔枝道南起今重庆市涪陵区，经梁平入四川达州、宣汉、万源、通江等地，翻越大巴山至陕西镇巴、西乡，在南子午镇接子午道，穿越秦岭到达长安，全长1000余公里。

荔枝道洋巴段在四川宣汉、平昌、万源、通江的交通线路在大巴山之中，一般依山势修建驿道，或走山脊，或沿山腰，或经山谷。入陕西后，驿道多沿河谷修建，大致沿泾洋河流域过镇巴至西乡，转入牧马河流域，再入汉水流域，最后进入子午河流域，到达子午镇。依据各区域遗存分布、地理及行政等情况，可将荔枝道洋巴段自南向北细分为三段。

宣汉—平昌段：荔枝道自达州依华蓥山余脉向东北进入宣汉，自隘口乡沿山脊或山腰转向西北至马渡关镇，北向平昌岩口乡、马鞍乡，翻鸡公寨进入万源鹰背乡地界。本段古道本体几乎不存，但沿线遗迹众多，尤以宣汉马渡关镇附近最集中。我们对马渡关镇的方斗寨、小寨子、浪洋寺摩崖造像，红峰乡唐家坝摩崖造像、马鞍乡鸡公寨等5处重要遗存进行了调查。

万源—通江段：在过鸡公寨后，荔枝道经鹰背乡竹筒沟，翻桦子梁（又名化米梁），进入鹰背、红峰和庙垭三乡交界。向北沿山脊到秦河王家坝、三官场，自花山入山谷，翻狮子梁，出龙歇沟，至石窝乡金山水库。再过玉带乡、草坝镇，沿山坳出西北至魏家乡，又至通江龙凤场乡，山谷地势开阔，再向北到洪口镇。转向东北沿山脊过澌波乡、万源竹峪镇、虹桥乡，进入陕西镇巴县。本段遗存数量众多，类型丰富，包括竹筒沟石板道、竹筒沟饮马槽、竹筒沟石桥、竹筒沟残碑、竹筒沟碥道、桦子梁汉代崖墓、桦子梁八室宋墓、苟家河四合面墓、庙垭宋家庄石桥、庙垭礼壶村石桥、文星字库塔、三官场新街字库塔、蒲延芳宅、一品堂蒲氏宅、紫云平植茗灵园记岩刻、盘陀寺、张赵氏节孝坊、杜家湾摩崖造像、红胜县苏维埃旧址、刘万鄂墓、土墙坝摩崖造像、古宁寨等22处重要遗存。

镇巴—西乡段：古道入镇巴县后，沿泾洋河河谷，翻越大巴山，经仁村乡、长岭镇北上过镇巴县城、陈家滩乡、杨家河乡，进入西乡县司上镇、罗镇、堰口镇，再至西乡县城。西乡县城位于西乡盆地，一路山势渐缓，河谷地逐渐开阔，与地处山坳中的镇巴县城有所不同。从西乡沿牧马河河谷，经百龙塘向西北，在三花石乡进入汉江流域。再溯江北上，转入子午河，至子午镇。牧马河、汉江和子午河，河谷宽阔平坦，多冲积扇，岸边台地发育完善，稍加修整即可作为驿道使用。本区遗迹分布较为分散，我们对何家坝栈道、子午老街、春山行碑等3处重要遗存进行了踏查。

2017年7月，课题组对荔枝道进行了实地调查。本次调查，南起四川达州宣汉县城，北至陕西西乡子午镇，行程300多公里。[①]涉及宣汉县、万源市、平昌县、通江县、镇巴县、西乡县等市县。

二、重要遗存介绍

根据调查情况，可大致将荔枝道洋巴段及相关遗存分为以下六类：

古道本体。包括石板道、碥道、栈道、桥梁及与古道相关的饮马槽等。

寨堡。包括古道沿线历代军事寨堡，如宣汉方斗寨、小寨子，平昌鸡公寨、通江古宁寨等。

古建筑。包括古道沿线民居及塔庙寺观建筑等，如万源秦河乡蒲延芳宅、一品堂蒲氏老宅、文星字库塔，草坝乡盘陀寺遗址、红胜县苏维埃旧址等。

石窟寺及摩崖造像。包括古代沿线历代摩崖造像，如宣汉浪洋寺石窟、万源杜家湾石窟、通江土墙坝石窟等。

---

① 本次调查虽将宣汉县设为起点，依旧称考察路线为洋巴段。

碑刻题记。如竹
筒沟残碑、紫云平植茗
灵园记岩刻、春山行碑
等。

古墓葬。如鸡公
寨崖墓、桦子梁汉代崖
墓、桦子梁八室宋墓、
刘万鄂墓等。

（一）古道本体

1.竹筒沟石板道

平昌县马鞍乡至
万源市鹰背乡是荔枝道
洋巴段古道遗存保存相
对较好的一段，尤以鹰
背乡竹筒沟一带保存最
多。在竹筒沟双堰塘至
桦子梁段长约680米的
范围内，现存比较完整
的石板道、碥道、石桥
等古道遗存。石板道
长约600米，宽60~150
厘米不等，由大小不

图3-1 荔枝道洋巴段重要遗迹分布示意图

一、形状不规则的石板铺成，部分区域已出现垮塌。2015年，竹筒沟古道旁曾
出土刻于万历二十年（1592）的界碑，碑文内容证实此处即古之荔枝道所经。
由于近年新修公路，竹筒沟石板道已基本废弃，掩映于杂草灌木之中，难以
通行。

图3-2　竹筒沟石板道局部（1）　图3-3　竹筒沟石板道局部（2）　　　图3-4　竹筒沟石板道局部（3）

2. 竹筒沟碥道

竹筒沟附近保存有两段石碥道。其一位于中间院子附近，海拔997米。碥道残长约30米，大致呈南北走向，开凿于裸露的岩石表面。碥道宽60~80厘米，梯步宽30~50厘米，间距30~60厘米。碥道一侧有排水沟，附近还遗留有石碾等遗迹遗物。

其二位于竹筒沟内，海拔1007米。碥道残长10余米，大致呈南北走向，开凿于裸露的岩石表面，梯步残长90厘米，宽50厘米，高20厘

图3-5　竹筒沟碥道局部（1）

米。碥道规格统一，加工精细，且与竹筒沟石板道之间存在明显叠压关系，时代应早于石板道，或为竹筒沟早期道路之一。地处沟内低洼之地，有山泉在上面流淌，不利行走，因此后在碥道一侧新铺石板道。

图3-6　竹筒沟碥道局部（2）

图3-7　竹筒沟碥道局部（3）

3. 竹筒沟石桥

竹筒沟现存两座石桥，横跨沟内小溪之上，连通竹筒沟古道，是古道的重要组成部分。二桥均为长方形石板桥，相距不过十余米，形制较小，当地人称"三步两洞桥"。

图3-8　竹筒沟一号石桥（1）

一号石桥，海拔975米。桥面由一块巨大的石板铺成，石板长2.52米，宽1.2米，厚约15厘米，桥面凿刻有引水槽，宽5~7厘米。

二号石桥，海拔983米。桥面由巨石板构成，石板长1.52米，宽1米，厚17厘米。

图3-9　竹筒沟一号石桥（2）　图3-10　竹筒沟二号石桥　　　图3-11　竹筒沟二号石桥与驿路

图3-12　庙垭宋家庄桥桥面

4.庙垭宋家庄石桥

庙垭宋家庄石桥位于万源市庙垭乡宋家庄，海拔507米。长方形石板桥，桥面长9.8米，宽1.3米，厚20厘米，桥面由两块巨石板拼接而成，石桥正中有桥墩1个。桥面左侧有高于桥面、纵向贯穿的引水凹槽，凹槽深10厘米，两侧边宽5厘米，由现代烧制的红砖拼砌而成。石桥上游约10米处新建公路桥。

图3-13　庙垭宋家庄桥

5.庙垭礼壶村石桥

庙垭礼壶村石桥位于万源市庙垭乡礼壶村一组，海拔504米。桥面通长12.5米，通宽1.2米，厚29厘米，由12块宽约60厘米的巨石板并排砌筑而成。桥面分两层，中间4块石板高于两侧，桥下有石砌桥墩5个。桥墩侧面有类似榫

图3-14　庙垭礼壶村石桥

卯结构的凹槽，长、宽约6厘米。一桥墩上雕刻有龙头构件，瞪眼、张口。从石桥局部特征看，似有后期改建情况存在，改建原因及时代不明。此桥位于古道旁，附近虽已新建公路桥，但此桥仍在使用。

155

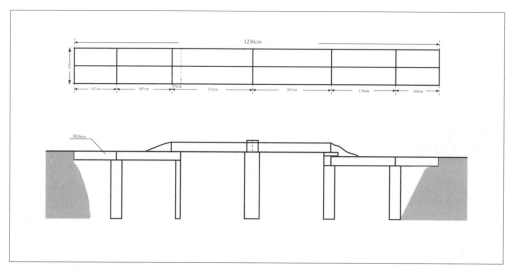

图3-15 庙垭礼壶村石桥平、立面图

图3-16 庙垭礼壶村石桥龙头石构件

6. 何家坝栈道

何家坝栈道位于镇巴县长岭镇联青村后槽组何家坝，海拔597米。该栈道遗址大致呈南北走向，现存栈孔50余个，分布于九阵河西侧长约300米的崖壁上。栈道孔呈双排布局，方孔、圆孔皆有。方孔边长9~11厘米，深7~13厘米；

图3-17　长岭镇何家坝栈道

图3-18　长岭镇何家坝栈
道局部

图3-19　长岭镇何家坝栈
道圆形栈道孔

图3-20 对长岭镇何家坝栈道做记录

圆孔直径约10厘米，深7~13厘米，可观察到的栈道孔距河床高10~130厘米，横排孔距100~110厘米，上下孔距约50厘米。部分栈道孔已被淹没于水下。

该栈道向南过仁村镇进入四川境，向北经长岭镇、九阵村至泾洋镇，荔枝道在此分为两条道路：一经陈家滩乡、杨家河乡至西乡接子午古道；一过麻柳滩乡、平安乡至西乡马家湾、白勉峡古街、树林坪、柳坝，过汉江至子午镇接子午古道至西安。

2014年，陕西省人民政府正式公布何家坝栈道遗址为陕西省文物保护单位。

（二）寨堡

1. 方斗寨

方斗寨位于四川省宣汉县双河镇越岭村二社，因山形似"方斗"而得名。根据寨内碑刻记载，方斗寨所在山体又称方崖。四周皆悬崖峭壁，仅西北部有

图3-21 方斗寨远景

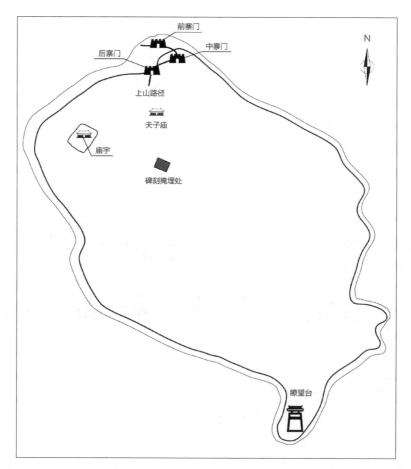

图3-22　方斗寨平面示意图

一小径可通山上，易守难攻。崖顶平面略呈长方形，面积约14000平方米，地势平坦，方崖东南部有一凸起岩体，高约8米。

方斗寨原有前、中、后3座寨门，均设置于西北部小径之上，多层防御，易守难攻。

前寨门海拔694米，朝向东北，寨门已毁。门内侧崖壁上有一双楣小龛，外龛方形，高86厘米，宽80厘米；内龛拱形，高66厘米，宽48厘米。龛内端坐造像一尊，通高49厘米，肩宽18厘米，头长15厘米，头戴乌纱帽，颌下胡须茂密，疑似土地像。

中寨门海拔700米，朝向正东，寨门已毁。寨门内侧崖壁上有一单层拱形

图3-23　方斗寨登寨小路　　　　　　　图3-24　方斗寨前寨门造像

前龛，龛高88厘米，宽66厘米，龛内造像不存。

后寨门位于山顶一侧，为整石开凿而成，海拔704米，朝向正北，寨门已毁。门道前后有整石开凿或石板铺成的步道，保存基本完好。

山顶西北侧有一凸起平台，高约6米，面积约100平方米，为寨内最高处。平台上散落大量石质建筑构件，推测应为寨内重要的指挥中心或瞭望之所。平台四周现存部分城墙遗迹，残高约2~3米，残长10余米。据曾经长期生活于此的祁姓老者介绍，平台周围原有观音庙、夫子庙、关圣庙等建筑，现均已不存。

距离平台南部约20米的旱田中，掩埋有碑刻3通，大致呈品字形排列。中间碑刻为"大成殿铭志"，碑额

图3-25　方斗寨内建筑高台

为"玉振金声"，部分内容尚能识读，主要记述方崖地势及修建大成殿之事，时代当为明清时期。其余二碑刻深埋地下，内容不详。

图3-26　《玉振金声》碑

方斗寨东侧崖壁上有一个用条石砌筑而成的外凸平台，宽3.8米，长2.5米。根据所处位置判断，当为敌台。

据民国《渠县志》记载，明末清初，巴蜀地区深受张献忠及摇黄等诸乱祸害，民不聊生。清顺治三年（1646），摇黄等贼寇闻张献忠攻破夔州，悉数躲入深山，攻掠山寨。其中贼首"黄龙"由邻水县奔巴州黄城寨，贼首"摇天动"则由梁山攻东乡（今宣汉）方斗寨，其余诸贼首也在巴、通等地大肆劫掠，"凡从前未破之碉寨，搜劫无遗。"[①]根据方斗寨现存寨墙、敌台等遗迹的砌筑方式及局部特征看，方斗寨的修建年代大致为明清之际，与文献记载中摇黄军攻打方斗寨的时间大致吻合。方斗寨还存在不同时期的遗迹特征，推测其在后世仍有被利用并有加筑维修。

方斗寨北侧有明清时期万源通宣汉、达州的驿道，地势平坦，具有控扼要道之作用。

2.小寨子

小寨子位于宣汉县马渡关镇石林社区2组，北邻马渡关镇，东南距浪洋寺石窟约1.5千米。山体地势狭长，大致呈东北-西南走向，长700余米，最宽处仅20余米，四周绝壁孤悬，形势险绝。寨顶由四个岩石山包组成，山头之间以铁索桥相连，山上石头形状各异，千奇百怪。

小寨子现存寨门3座，保存状况基本完好。

---

① 　民国《渠县志》卷7《兵备志》，民国二十一年铅印本。

图3-27　小寨子远景

　　东寨门海拔508米，朝向东南。修建于两块巨石之间，寨门平顶，顶部石板搭建在两侧巨石之上。寨门通高2.67米，门洞高1.94米，宽1.35米，进深2.76米。寨门右侧巨石形如薄刀孤立，形似"关刀"，有"关刀石"之称。

图3-28　小寨子东寨门

图3-29　小寨子东寨门关刀石

图3-30　小寨子南寨门　　　　　　　　图3-31　小寨子西寨门

　　南寨门海拔489米，朝向正南。南寨门为平顶形寨门，依崖而建，通高2.6米，门洞高1.94米，宽1.14米，进深48厘米。城门内侧现存石碾遗迹1处。

　　西寨门位于两座山包之间，与南寨门相距不远，海拔495米，

图3-32　小寨子山顶建筑遗址

朝向西北。寨门呈拱形，通高2.4米，门洞高2.16米，宽1.05米，进深83厘米。

　　小寨子附近寨堡众多，其西南约300米处为狮子寨，又称欧家寨，现存寨门两座及碑刻1通。

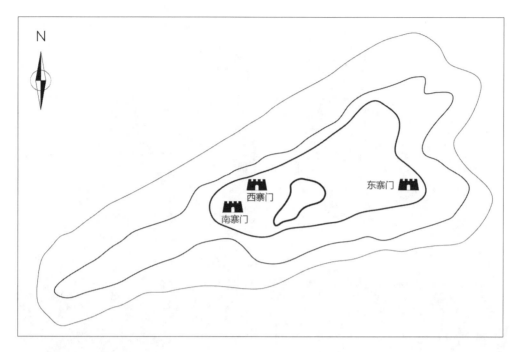

图3-33　小寨子遗址平面示意图

3.古宁寨

古宁寨位于通江县洪口镇古宁寨村，海拔750米。四面绝壁，仅东北侧有一条上山道路。山顶平面大致为长方形，呈东北-西南走向，长约500米，最宽处120米，面积约5万平方米。

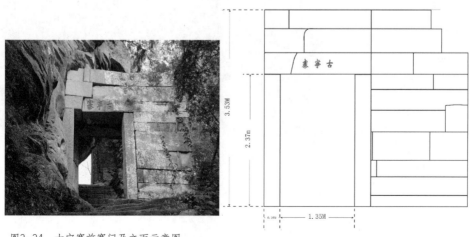

图3-34　古宁寨前寨门及立面示意图

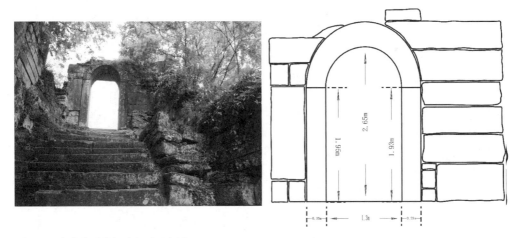

图3-35　古宁寨后寨门及立面示意图

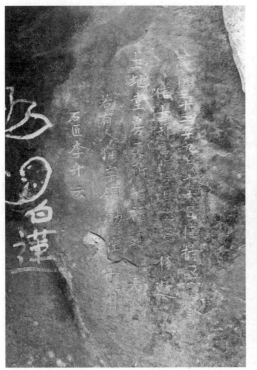

图3-36　古宁寨题刻

图3-37　古宁寨"嘉庆二年成寨"题刻

图3-38　古宁寨寨内小路

古宁寨现存前、后寨门，另有部分寨墙。前寨门海拔750米。寨门为平顶，借山势而建，右靠绝壁，左临悬崖，形势险要。寨门通高3.53米，门洞高2.37米，宽1.35米，进深2.3米。寨门两侧竖有门柱，宽29厘米，厚55厘米，门顶横梁石已松动，有垮塌的危险。门额楷书"古宁寨"。寨门内侧石壁上刻有建寨纪事："乾隆三十二年九月十六日，住持昭□睿，信士刘宪强共出□（资）修建，土地堂屋更新增福，延若有人庙宇领勋经十部。石匠李升云"。题刻右侧雕刻白莲花，左侧石体刻有文字："嘉庆二年成寨"。

后寨门距离前寨门约9米，地势稍高。寨门为拱形，建筑规整，通高2.98米，门洞高2.65米，宽1.3米，进深1.38米，拱壁厚33厘米。寨门外立面门柱书有楹联："愿四海干戈永息，祝群黎稼穑咸登"，拱顶条石书："大清咸丰二年夏□□上□□□□□吉□"。

前寨门与后寨门之间，现存寨墙9米，由长条石砌成，残高3~4米，厚约1.5米，石料规格较大。寨内有古宁寺遗址和石碑2通。根据相关碑刻及寨门内外摩崖题刻记载，古宁寨在清代中后期的白莲教动乱、李蓝动乱和太平天国起义时期发挥了重要的保境安民作用。

（三）古建筑

1.文星字库塔

此塔位于万源市秦河乡三官场库楼湾，海拔675米。文星字库塔为清末当地朱氏家族为鼓励后代用功读书、求取功名而出资共建，目前是万源市文物保护单位。

　　文星字库塔建于清光绪三年（1877），为五层楼阁密檐式攒尖顶、宝顶式塔刹，塔身通高8米，底座高75厘米。第一层为正方形，边长1.5米，高2米，四面皆有题刻。第二层至第五层为六棱形，逐层内收，并出檐，六角微翘，第二层边长80厘米，高1.4米，四面题刻记载朱氏族人出资功德。正面开圆形门，直径45厘米，门上书"敬惜字纸"，门下雕刻有三名武士，手持兵器。第三层侧面开桃形洞。第四层刻有"文星字库"，楷书。第五层高80厘米。

　　第一层字库塔题刻如下：

　　皇清光绪三年岁在丁丑孟夏日吉旦／

　　库楼湾后山环抱亘数里，邑人朱氏庐居，越／数百年矣，游庠食饩代不乏人，亦山气之／钟灵者也。于前则有微凸，相者谓胎元结／处，苟得突兀，则人文蔚起，当于青云而直／上。于是议建塔培文峰，屡鸠工，未获鸿／举。今春岁在丁丑，族内领袖耀宗等，同心／募化，协力经营，寝莹材以出工费，令轮食／以备口粮，不日而聿观厥成焉。上镌魁像，／耸接云排，层接石台，尖同笔插。高矣！美矣！／巍乎！焕乎！向前，烟火千家，辉生落照。隔岸，／青山十里，势诩飞来。觉鬐楼凤阁、月榭云／亭不足夸其盛也。夫太邑自张军门建塔／而外，未有继起者，兹忽成此，更为名山生秀／色。然而，文峰培则文星聚，文星聚则文名／显，军门顾足多乎哉！异日者雁塔题名，头／画点朱，我于是乎卜矣，非由此建塔有以／致之哉。本邑明经进士、候选儒学正堂戟门苏含荣撰

　　库楼宝塔迥非常，信表琉璃映学堂。／
　　隔岸金龙堆锦绣，向前火凤耀辉煌。／
　　珠光赋就蓝田水，玉润文题粉壁墙。／
　　帽合衣冠传世代，名垂高石震他乡。／
　　朱璧山题／
　　衣食无亏未足多，全凭功德状山河。／
　　文星高耸文人作，武库环生武将过。／

图3-39　文星字库塔

远映五湖同岱岳，高齐云汉赛岷峨。/
崇儒重道从今起，雁塔题名每笑歌。/
本境州同候补直隶分州朱梂明题/

蜀中教化肇文/翁，石室留功普/大同。
井里桑麻/安素业，党庠术/序邕皇风。
千年/道脉凭传统，一/代英豪赖发蒙。
/一路烟云昇接/引，圣贤精气达/苍穹。
/本邑业儒王士必题

集附/
武库楼仍……/至鹿啃带花木粉壁……/□□高皇天子在燕……/
苏戟/
□□□：宝气钟……/□□独状三千界瑞……/□□□瞻河汉接凌□邱
□……/□□□有文星在点起……
朱联级题

图3-40　文星字库塔题刻（1）　　　　图3-41　文星字库塔题刻（2）

2. 三官场新街字库塔

此塔位于万源市秦河乡三官场新街附近，海拔663米。字库塔修建于田边凸起岩石之上，字库塔通高2.3米，距地1.5米，分两层，一层为四面体，边长71厘米，高60厘米，四面皆有题刻，下部破损较严重。左侧面有圆形洞门，直径20厘米。飞檐，四角上翘。二层为四面体，边长46厘米，宽40厘米。前后面各有一圆形洞门，直径23厘米，左侧题刻楷体"让"字。塔顶部为攒尖式宝顶，塔刹有扁圆石珠。

图3-42　三官场新街字库塔

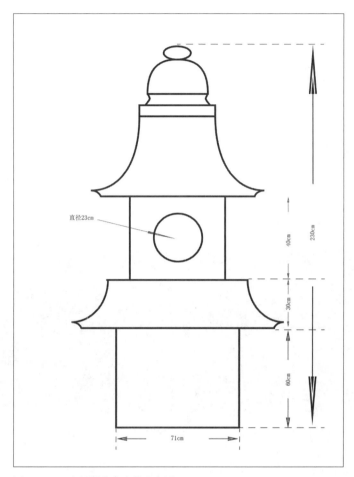

图3-43　三官场新街字库塔示意图

图3-44　三官场新街字库塔题刻

3. 竹筒沟饮马槽

竹筒沟"饮马槽"位于竹筒沟石板道旁近似长方形的巨石之上，海拔1007米。巨石长7米，最宽处4.4米，高约1.5米，表面平整，分布有八个圆形柱洞，呈三排不规则排列状，柱洞直径10~12厘米，深约5厘米。当地人盛传此石为荔枝古道饮马槽遗迹。从巨石表面柱洞分布来看，上面原本应有建筑。巨石左中部虽有边长为55厘米的正方形石槽，但其深不过7厘米，储水量小，且巨石高出地面1.5米，亦不便饮马。综合来看，此处恐非饮马槽，而是道旁歇脚凉亭之类的遗迹。

图3-45　竹筒沟饮马槽

图3-46　竹筒沟饮马槽局部

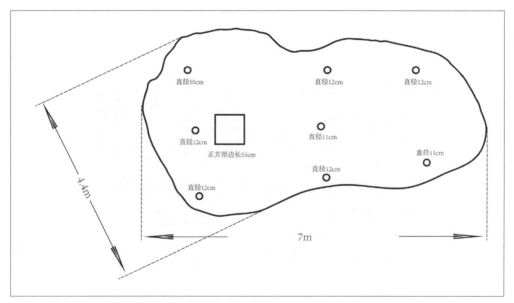

图3-47　竹筒沟饮马槽平面示意图

4. 蒲延芳与一品堂蒲氏宅

蒲延芳宅位于万源市秦河乡三官场九组，海拔684米，朝向北偏西20°。此宅为清末蒲延芳所建，现为万源市文物保护单位。蒲延芳宅为四合院布局，穿斗式木构架，悬山顶，有阁楼。正堂门楣上置有金字匾"寿比南山"，两边刻"文化大革命"时期对联"毛主席万寿无疆，红太阳千秋永照"。院内墙壁上刻有"团结紧张""严肃活泼""认真搞好批斗改"等标语。窗花及柱础雕刻精致，古朴大气。宅门门楣上置"五世同堂"匾额，落款："特授绥定府太平县儒学正堂家五级记录十次""光绪二十八年壬寅岁季春月望日""蒲延芳"。门前有垂带式踏道七级，宅门两侧为吊脚楼。建筑整体保存完整，风格古朴典雅。

图3-48 蒲氏宅

图3-49 蒲氏宅局部

图3-50 蒲氏宅外围结构

图3-51　一品堂蒲氏宅局部

"一品堂"蒲氏宅位于蒲延芳宅西北，朝向西南，穿斗式木构架，悬山顶，上有阁楼。堂屋右侧建筑被改为现代楼房，其余保存较好。墙壁上保存有少量标语。正方十余间房屋排列为"一"字，前有垂带式踏道七级，宅门与前面两个四合院组成"品"字，格局成为"一品"，寓意一品当朝。

根据相关匾额落款及建筑风格判断，两处蒲氏宅均为清代晚期建筑，体现出清代晚期蒲氏族人在当地具有较高的地位和社会影响力。

5. 红胜县苏维埃旧址

红胜县苏维埃旧址位于万源市魏家乡龙王塘村，海拔962米，朝向北，目前为万源市文物保护单位。1934年，为反击国民党的"六路围攻"，红胜县

图3-52　红胜县苏维埃旧址

图3-53　红胜县苏维埃旧
址局部

图3-54　红胜县苏维埃旧
址红色标语（1）

图3-55　红胜县苏维埃旧
址红色标语（2）

委、县苏维埃由罗文镇转移至此，现存曾作为司法部、政治部的两套相邻四合院。

司法部所在四合院为孟氏祖宅，后作为孟氏祠堂，土地改革时分给佃农。建筑为穿斗式木构架，悬山顶，上有阁楼。宅门和堂屋已垮塌，墙壁上可见红军标语。此宅院整体较低，金柱粗大，风格大气磅礴，根据建筑风格判断，当为清代早期建筑。

政治部所在四合院也为穿斗式木构架，悬山顶，有阁楼。宅门和堂屋已垮塌，正房和偏房数间被改建为现代砖混结构楼房。宅门外有垂带式踏道，两侧台基上仍然保存有"活捉刘湘""保卫赤区""红胜县委会制"等标语。

6. 盘陀寺

盘陀寺位于万源市石窝乡古社坪村西北1公里处的苏家崖，海拔804米，朝向西。盘陀寺大殿内现存十尊雕刻精美的圆雕造像及两个巨大的佛座。盘陀寺原本建筑已完全毁弃，石质建筑构件随处可见。近年在原大殿位置新建木结构小屋一间，以保护寺内原供造像。新建房屋仅东面有墙，长6.9米，宽5.35米。殿内十尊造像头部皆缺失，造像体型较大，有七尊残高在1米以上。形态各异，

图3-56　盘陀寺造像

图3-57　盘陀寺造像

或站，或结跏趺坐，手中法器多样，衣着各不相同，造像规格高，雕刻技法娴熟。两个佛座，一为莲花状，一为八面多棱状。

大殿前30米处现存石砌拱桥一座，高1.5米，宽1.7米，拱壁厚约40厘米，砌筑风格及錾刻纹路带有宋代特征。另有石狮柱础一座，石象一对。石狮柱础呈倒立状，高75厘米，底座高10厘米，狮子头呈近圆形，直径约14厘米。石象分列于道路两侧，长62厘米，高71厘米。

根据寺内造像特征及石拱桥砌筑风格等判断，盘陀寺时代或可早至宋代，具体年代还有待进一步研究确定。

7. 子午老街

子午老街位于西乡县子午乡民新村，海拔510米。老街呈东南-西北走向，长约300米，宽约3米，现已改建为混凝土路面，两侧房屋饰以颜色，下红上黄。老街保留有大量的穿斗式悬山顶木构架房屋，古朴典雅。

子午老街又名"南子午镇"，地处子午新道、旧道（汉魏晋时期）、唐代荔枝古道的重要节点。

图3-58　子午老街局部（1）

图3-59　子午老街局部（2）

图3-60　子午老街外子午河

8. 张赵氏节孝坊

张赵氏牌坊位于万源市石窝乡走马坪村西，海拔889米，坐西南向东北，目前为市级重点文物保护单位。张赵氏节孝坊为石质仿木结构牌楼式斗拱建筑，四柱三开间四重檐庑殿式坊顶，饰以镂空宝顶，飞檐鸱吻，牌坊的仿木斗拱呈"工"字

图3-61　张赵氏节孝坊

叠状，外设镂空戏曲人物，造型生动，雕刻精美，明楼屋面采用4米整石雕刻，明间下檐施斗拱3攒，左右次回各施斗拱攒。明回字匾处刻有"节孝坊"，两侧

图3-62　张赵氏节孝坊局部

落款分别为："光绪二十一年十二月建""张赵氏节孝坊"。门楣中段刻有浮雕人物，左右石柱刻有楹联："雅范型千古，鸿恩沐九重"。顶层左右石柱上刻有楹联："圣朝旌苦□，贤母播徽音"。背面明间相应的字匾刻有相同的内容，左右石柱上刻有楹联："从容完妇德，正气奠坤维"。顶层左右石柱上刻有楹联被白灰掩盖，可辨出："闺□□□化，□□□幽□"。左右次间字匾，及底层石柱上刻有张姓人氏的姓名、官职等。额枋上浮雕人物、花纹等，人物形态各异，颇具艺术性。

（四）石窟寺及摩崖造像

1. 浪洋寺石窟

马渡关镇地处巴州与达州交界地，自古便是川东地区通往关中地区驿道的重镇，更是明清时期控扼达州、北上巴州等地的重要关口。马渡关镇附近遗迹众多，浪洋寺石窟是宗教遗迹的重要代表。

浪洋寺石窟位于宣汉县马渡关镇石林社区2组，海拔411米。龛窟开凿于长9.2米，宽4.1米，高4.2米的巨石之上，四面开龛，共有24龛，题刻21幅，共计139尊造像。具体为：前区造像九龛，编号K1~K9，题刻9幅，编号T1~T9；左区只开凿造像1龛，编号K10；后区造像11龛，编号K11~K21，题刻8幅，编号T10~T18；右区造像3龛，编号K21~K24，题刻3幅，编号T19~T21。

浪洋寺众多摩崖题记中共发现6个年号：唐至德元年（756）、唐永泰元年（765）、唐咸通十二年（871）、唐大顺二年（891）、北宋雍熙四年（987）、南宋绍兴元年（1131），为造像断代和浪洋寺兴废历史研究提供了宝贵的文字材料。根据造像题记内容及造像风格判断，浪洋寺石窟开凿时间应可粗分为唐、宋两期，第一期又可细分为盛唐初创期（至德元年）、盛唐发展期（永泰元年前后）、中晚唐（咸通、大顺年间）三个时期。2012年，浪洋寺石窟已被四川省人民政府列为省级文物保护单位。2014年以来，四川省文物考古研究院多次组织人员前往浪洋寺石窟调查，并作了科学的测绘工作和分期研

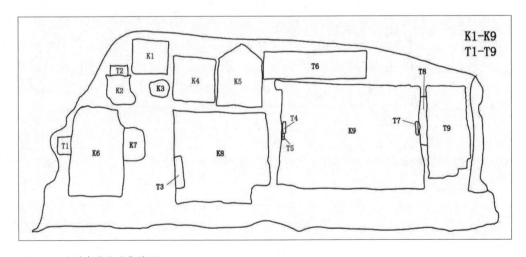

图3-63　浪洋寺摩崖造像前区

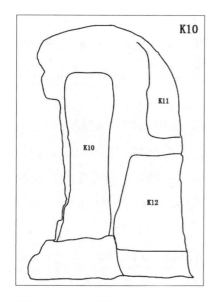

图3-64 浪洋寺摩崖造像左区

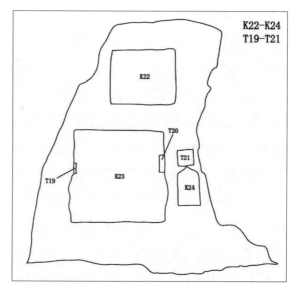

图3-65 浪洋寺摩崖造像右区

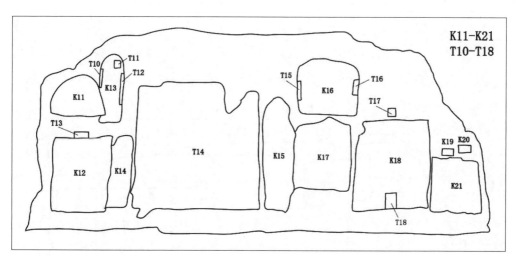

图3-66 浪洋寺摩崖造像后区

图3-67　浪洋寺摩崖造像（1）

图3-68　浪洋寺摩崖造像（2）

图3-69　浪洋寺石窟调查工作照　　　　　　　　图3-70　浪洋寺摩崖造像题记

图3-71　浪洋寺摩崖造像K6

图3-72　浪洋寺摩崖造像K7

究。其调查研究成果被收入《四川散见唐宋佛道龛窟总录·达州卷》。[①]本次调查结果与该书除少量差异外，基本相同，限于篇幅，此处略去具体数据。

2.唐家坝石窟

唐家坝石窟位于宣汉县红峰乡唐家坝，海拔843米。造像开凿于一块长约10米，宽约6米，高约2.5米的巨石上，佛龛朝向东北，共3龛。

K1为长方形龛，高52厘米，宽56厘米，进深20厘米，龛后壁镶嵌方形石块，浮雕送子观音像。此龛雕刻粗拙，带有明清时期风格。

K2位于K1右侧，长方形龛，开凿于唐开元五年（717），龛高1.62米，宽1.53米，进深1.09米，龛内三层台阶，第一层进深55厘米，第二层进深12厘米，第三层进深42厘米。龛楣三层，第一层装饰连珠纹，第二层装饰忍冬纹，第三层为屋檐。龛内造像九尊，为一佛二弟子二菩萨二天王二力士。

---

① 四川省文物考古研究院主编：《四川散见唐宋佛道龛窟总录·达州卷》，文物出版社，2017年，第85~234页。

　　龛左壁有发愿文题刻一方，高38厘米，宽35厘米，题刻如下：

　　释迦牟尼佛一铺，/盖闻佛性幽寂，常住湛然，普慈尽我/众生，悯念穷无边际，如来希有相等，/乾坤非有非无，□然微妙者矣。/合率人：王抱一、罗授、蒲忠、王崇日、句义、/王钦、王宪、王恺等。奉为皇帝陛下并及一/切先亡，敬造前功德，今蒙成就，择巧雕桩，/月面日轮，莲华并照，近居大路而斩闻行路，/善识悉供敬，以斯功德，□天地而俱存，□□/祐而崇真，世世入佛，知见乃为铭□，/惟大唐天宝五载太岁丙戌十月十五日表庆，/雕镌博士郭守谦作。

　　龛右壁上有题刻一方，高36厘米，宽15厘米。题刻如下：

　　助成功德人杜令光、王光京、蒲京、罗进军、/句及、罗思监、何定、何真。

图3-73　唐家坝摩崖造像

图3-74　唐家坝K2造像

图3-75　唐家坝摩崖题刻

K3位于K2右侧，为长方形空龛，分内外两层。外龛高1.33米，宽70厘米，进深24厘米。内龛高69厘米，宽39厘米，进深36厘米。龛内无造像。

龛窟所在巨石顶部有6个柱洞，依排列来看，应为建筑遗迹。洞径约25厘米，深约12厘米，间距在1.3~2.2米之间。顶部靠近佛龛的一侧开有排水槽，贯穿侧面，宽约14厘米。

唐家坝石窟是荔枝道沿线具有明确纪年且保存完好的盛唐石窟，其时代与马渡关浪洋寺石窟相去不远，二者同属荔枝道沿线的重要宗教遗存，具有重要的研究价值。2014年以来，四川省文物考古研究院组织人员对唐家坝石窟进行了实地调查，并作科学的测绘、分期和题材研究。其调查研究成果收录于《四川散见唐宋佛道龛窟总录·达州卷》[①]，需要注意的是，该书部分数据与本报告不完全相同。

---

① 四川省文物考古研究院主编：《四川散见唐宋佛道龛窟总录·达州卷》，文物出版社，2017年，第53~76页。

3. 杜家湾石窟

杜家湾摩崖造像位于万源市大沙乡杜家湾村，经纬度坐标为 E107° 48′ 13.1″，N31° 55′ 10.4″，海拔972米。杜家湾摩崖造像开凿于乡村公路旁一块高约2米，宽约5.5米的砂岩上，佛龛朝向西北。圆拱形双层龛，龛高1.11米，宽1.22米，进深70厘米，龛口有两层窄台阶，高18厘米，进深23厘米。龛内后壁有凹形佛台上，雕刻一佛二弟子二菩萨二天王二力士及六尊半神护法神像"天龙八部"。

图3-76　杜家湾摩崖造像（1）

图3-77　杜家湾摩崖造像（2）

图3-78　杜家湾摩崖造像题刻

　　整龛造像曾被泥土掩埋，造像面部剥蚀较为严重，细部不详。佛龛右侧有一方题刻，高33厘米，宽26厘米，字径2.5厘米，剥蚀严重，所幸落款时间勉强可识，内容为："开元三年二月二十一日口"。

　　杜家湾造像于2015年被偶然发现，四川省文物考古研究院工作人员曾对其进行过详细调查和科学测绘，调查研究成果收录于《四川散见唐宋佛道龛窟总录·达州卷》[1]。

①　四川省文物考古研究院主编：《四川散见唐宋佛道龛窟总录·达州卷》，文物出版社，2017年，第53~76页。

4. 土墙坝石窟

土墙坝石窟位于通江县董溪乡土墙坝村三组东浴沟南岸崖壁上，海拔989米。共计4龛23尊，题记3幅，距地面约2米。万源至通江古道从造像面前经过。

K1为单层长方形浅龛，尖桃形龛楣。龛高52厘米，宽64厘米。龛内造像9尊，龛底居中刻宝瓶，造像莲台皆有宝瓶中发出。龛内主尊3像，均结跏趺坐于仰莲台上。居中为佛像，着圆领通肩袈裟，尖桃形头光，面部剥蚀不识，双手置于胸前似结说法印。左像坐姿同佛，风化最甚，细部不识，题材不详。右像风化较甚，衣纹不详，但腹前有三脚夹轼，当为老君像。主尊左右各立弟子像1尊，头光同佛。龛外左右刻二力士，身材孔武有力，肌肉发达，怒目圆睁，有盛唐之风。宝瓶两侧各有立像1尊，脚穿云头履，或为道教童子，风化严重，细部不详。

龛下部有一长方形副龛，高约32厘米，宽约80厘米。内刻供养人3尊，副龛顶部二角似有瑞兽各一。

图3-79　土墙坝石窟全景

根据造像特征判断，此龛为佛道合龛，但主尊左像难以判断。

K2位于K1左侧，圆拱形单层浅龛。龛高35厘米，宽14厘米。龛内雕刻立像1尊，站立于覆莲台上，头部残损，圆形头光，颈部有三道。右手下垂，左手置于胸前，皆残。从造像造型及手势来看，符合佛教造像中接引佛的特征。但造像身着对襟长衫，脚踏云头履，与佛教装束有明显区别，当为道教天尊像。对比巴蜀地区同类造像，或为长生保命天尊造像。

K2下方有长方形题刻，从位置看可能是K2开龛题记。

K3位于K2左侧，长方形龛，龛顶二角略带弧度，龛楣及龛沿装饰帷幔。龛分上下两层，上部为造像龛，下部为供养人龛。整龛通高85厘米，通宽60厘米。供养龛底部正中浮雕一方形台，高约20厘米，台上置一宝瓶，瓶中发出6枝缠枝莲茎，生出莲座、莲叶、莲花，延伸至造像龛内，分别连接主尊及侍者莲座，雕刻手法细腻。

造像龛后壁雕刻造像4尊，居中为道教天尊像，结跏趺坐于仰莲座上，衣裙下摆覆于座前，呈悬裳座式。造像头部已毁，尖桃形头

图3-80　土墙坝K1龛

图3-81　土墙坝K2龛

光，身着对襟道袍，右手置膝，左手平置胸前，皆残。天尊像右侧，刻佛像1尊，结跏趺坐于仰莲座上，头部残损，头光同天尊，身着圆领通肩袈裟，衣纹流畅，双手置于胸前结说法印。

天尊像左侧，刻道教真人像1尊，站立于莲叶之上，头部残损，尖桃形头光，身着对襟长衫，左右手臂垂于身侧，作提物状，皆残。脚蹬云头履。真人像左侧，刻弟子像1尊，站立于莲茎之上，风化较甚，细部不详。龛左右壁各刻力士像1尊，皆赤裸上身，怒目圆睁，肌肉发达，孔武有力，有盛唐之风。

供养龛中刻供养人像4尊，方形台左右各二，皆双手合十，作虔诚供养状。这些供养人像有大有小，有男有女，表现一家普同供养之意。

图3-82　土墙坝摩崖造像K3龛

根据造像特征分析，此龛为佛道合龛造像，且似以道教天尊为主尊。

K4位于K3下侧，单层尖拱形龛，龛高43厘米，宽32厘米，深3厘米。龛内造像1尊，结跏趺坐式，雕刻粗糙，似未完工。根据风格判断，其时代或早不及宋。

造像区内共发现摩崖题刻3幅，编号T1~T3。T1、T2为唐天宝年间造像开龛题记，T3为南宋绍兴年间题记。

T1位于K1右侧，为摩崖碑，翘檐鸱吻顶，下刻圆首碑，碑首装饰双龙交尾图案，碑座两层叠涩。碑额正中开有圆拱形浅龛，内刻佛像一尊，头部残损。碑文风化严重，难以识读，仅可见"天宝五载""普同供养"等少数文字。根据其与龛窟位置关系及残存内容判断，T1或为K1开龛题记。

T2位于K2下方，或为K2开龛题记，题刻高31厘米，宽23厘米，风化剥蚀严重，所幸纪年信息基本可识。内容为："天宝五载十月十三日"。

图3-83　土墙坝摩崖造像K4龛

图3-84　土墙坝摩崖造像T1题刻

图3-85　土墙坝摩崖造像T2　图3-86　土墙坝摩崖造像T3题刻
题刻

图3-87　土墙坝石窟前侧驿路

T3位于造像龛下方，长方形题记，高1米，宽95厘米。文字雕刻随意，且风化严重，较难识读。据残存内容判断当为游人题记，时代为"绍兴十八年正月十六日午时"。南宋绍兴十八年即公元1148年。

关于土墙坝摩崖造像的开龛年代，T1、T2分别应为K1、K2造像记，则可知K1、K2开凿时代为唐天宝五载（746）。K3与K1在构图模式及细部特征上都非常类似，当属同期作品。K4时代最晚，根据龛窟风格判断，其年代下限或为宋代。

根据造像造型、衣纹特征等分析，K1、K3均为佛道合龛，K2虽造型与接引佛像类似，但实为道教天尊像。独特的造像题材反映了盛唐时期通江至万源古道沿线佛教、道教的发展概况和相互交流与融合情况。

（五）碑刻题记

1. 竹筒沟界碑

此界碑原位于万源市鹰背乡竹筒沟古道旁边，此次调查未见。鉴于其重要性，特据《华西都市报》之报道①介绍如下。

《华西都市报》介绍：界碑高65厘米，宽38厘米，碑文共计89字。界碑全文如下：

此竹筒沟通衢道也，然则天宝贡/果过境而被劫，官军剿焉。今沃地/茂林，任、李争焉。适逢浙江兵备副/使卫大人经此，挥鞭定界。上以梯/路，下依溪流，庙东李姓管业，其西/任氏所有。世代诚守，刻石为盟/。皇明万历壬辰季秋上浣吉旦。

图3-88 竹筒沟界碑拓本②

此碑刻于明朝万历二十年（1592）九月，是当地任、李二姓家族的界碑。碑刻内容是证明唐代天宝年间荔枝古道途经此地的有力证据。

2. 竹筒沟残碑

竹筒沟残碑位于万源市鹰背乡竹筒沟，海拔1002米。石碑竖立于古道旁，上部缺失，残高约60厘米，宽50厘米，厚12厘米。残碑侧面残存

---

① 山鸿：《荔枝古道　大唐盛世的爱情之道》，《华西都市报》2019年2月13日。

② 拓本采自山鸿：《荔枝古道　大唐盛世的爱情之道》，《华西都市报》2019年2月13日。

图3-89 竹筒沟残碑

"教我香"三字，字径5~7厘米，推测此碑原来或刻诗句。据当地村民介绍，残碑一侧古道上曾出土"乾隆通宝"两枚。

3.《紫云平植茗灵园记》题刻

《紫云平植茗灵园记》题刻位于万源市石窝乡古社坪村西北，海拔765米。题刻刻于北宋大观三年（1109），阴刻楷书，竖行排列。题记长2.36米，高84厘米，距地3.8米，全文共有202字，字径5~8厘米，行距7厘米。记载了王雅、王敏父子于北宋元符二年（1099），从福建武夷山引进茶树到四川种植的史实。是迄今为止我国发现的时间最早、保存最好的记载种茶历史的岩刻，文献价值突出。题刻全文如下：

紫云平植茗灵园记

窃以丰登胜概，垭洼号古社之平。/从始开荒，昔日"大黄舍宅"。时在元/符二载，月应夹钟，当万卉萌芽之/盛，阳和煦气已临。前代府君王雅与/令男王敏，得建溪绿茗，于此种植，可/复一纪，仍喜灵根转增郁茂。敏/思前代,作如斯活计，示后世之季子、/元孙，彰万代之昌盛，覆茗物而繁盛。/至于大观中，求文于蓬莱释，刻石/以为纪。可传体面观瞻，历古今而不/坏。后之览者，亦将有感于斯文也。/诗曰：/筑成小囿疑蒙顶，分得灵根自建溪。/昨夜风雷先早发，绿芽和露濯春畦。/大观三年十月念三日王敏记。/弟王古/兄王俊。

图3-90　紫云平植茗灵园记题刻（1）

图3-91　紫云平植茗灵园记题刻（2）

4.《春山行》碑

《春山行》碑位于陕西省汉中市西乡县子午镇王永华家①，海拔407米。碑高61.5厘米，宽91厘米，厚12厘米，部分残缺，残缺处高17厘米，宽16厘米。

① 原子午镇政府大院内存有3方明代的诗文碑刻：《春山行》《马前铜笛》和《汉江舟行》。后来镇政府大院翻修，3块碑刻皆遗失。2015年，村支书王永华先生从河滩上找到《春山行》碑，并搬至家中保存。

碑刻外围有宽4厘米的雕花。

碑文如下：

□□迎晓丽，春昼碧氛开。高/树深藏鸟，清池浅映梅。
山房/竹日净，烟渚草沙堆。性本耽/泉石，频歌归去来。

图3-92 《春山行》碑

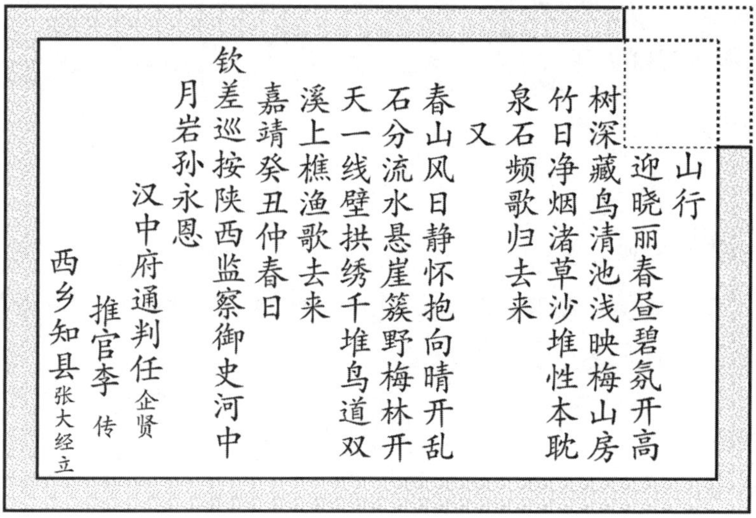

钦差巡按陕西监察御史河中月岩孙永恩
汉中府通判任企贤 推官李 传
西乡知县张大经立

嘉靖癸丑仲春日

春山风日静怀抱向晴开乱
石分流水悬崖簇野梅林开
天一线壁拱绣千堆鸟道双
溪上樵渔歌去来

又

树深藏鸟清池浅映梅山房
竹日净烟渚草沙堆性本耽
泉石频歌归去来

山行

迎晓丽春昼碧氛开高

图3-93 《春山行》碑

又／

春山风日静，怀抱向晴开。乱／石分流水，悬崖簇野梅。

林开／天一线，壁拱绣千堆。鸟道双／溪上，樵渔歌去来。

款题为：

嘉靖癸丑仲春日，／钦差巡按陕西监察御史河中／月岩孙永恩，／汉中府通判任企贤，／推官李传，／西乡知县张大经立。

（六）古墓葬

1. 鸡公寨崖墓

鸡公寨崖墓位于平昌县马鞍乡鸡公寨山脚下公路旁，海拔930米，墓向东南。崖墓距地面30厘米，单层门楣，墓门高1.38米，宽2米。墓室顶为弧形，墓室宽1.64米，中高1.1米，侧高1米，进深2.62米。

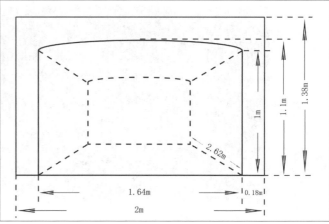

图3-94 鸡公寨崖墓与示意图

2. 桦子梁①汉代崖墓

桦子梁与竹筒沟相连，翻过桦子梁至鹰背乡一线保存有断断续续的石板道，石板道宽在0.8~1.2米不等，两侧为农田。桦子梁崖墓及八室宋墓均位于石板道旁。

桦子梁崖墓位于桦子梁东北部道旁巨石上，海拔1024米。墓道大部被土掩埋，露出地面仅40厘米，墓门上方刻有一道凹槽，长2.9米，宽约35厘米，进深20厘米。凹槽下部中间浮雕有斗拱图案，宽约45厘米，高约3厘米，此图案多见于东汉崖墓。墓室内有积水，尺寸数据不详。

图3-95　桦子梁汉代崖墓

图3-96　桦子梁明墓

3. 桦子梁明代八室墓

此墓位于万源市鹰背乡桦子梁东北道旁，海拔975米。由8个墓室并列组成，通宽9.8米，墓室间距约30厘米，墓高95厘米，进深2.5米。墓室平顶，为双层门楣，门高90厘米，宽86厘米。右侧两座墓室已垮塌，墓室后龛上雕有图案，可辨析出双层楼阁、倒立猴子等图案。根据墓葬形制、位置关系、装饰纹样及雕刻技法等判断，此墓葬当为明代家族石室墓。

4. 苟家河四合面墓

此墓位于万源市鹰背乡乡场附近，海拔820米，

———————

① 又称"化米梁"。

墓向北。四合面墓为苟继统兄弟三人及夫人的合葬墓。建于1915年，为万源市重点文物保护单位，保存良好。

墓园呈半圆形，长15.5米，宽9.8米，两侧设石质栏杆。墓园正门为四柱三间仿木结构，五平三重檐门楼，檐、柱、楼栏等皆雕塑人物、动物、花草等图案。墓园正中有龛庑碑1座，圆弧形碑首，碑额正面浮雕蟠龙，龙头居中，正视前方，碑正面两侧分别雕有两条穿梭于云间的飞龙，呈上下排列。正面碑文：

图3-97　苟家四合面墓全景

图3-98　苟家四合面墓局部

图3-99　苟家四合面墓赑屃碑　　　　　　图3-100　苟家四合面墓碑刻

清诰／儒林郎遇月山房秋甫苟老夫子／羽林郎拖云草阁玉龙苟老先生／儒林郎内师范准／补学正堂竟成苟老先生／羽林郎五品蓝翎元龙苟老先生／之神道。

四合面墓结构和形制代表了有清以来，川东北地区高超的墓葬艺术。

5. 刘万鄂墓

刘万鄂墓位于通江县龙凤乡酒店垭村，海拔981米。刘万鄂墓为明代墓葬，占地面积约100平方米，现为巴中市文物保护单位。墓向北，由墓冢、主墓碑、牌楼碑、陪碑及茔墙组成，圆丘形封土，底径约8米，高2.5米，整体保存良好。主墓碑为龟趺碑，龟头部缺失，两侧雕刻祥云纹饰，碑额为如意祥云图，碑外有碑亭。碑正面书："四川保宁府通江县永安里乡宰刘公万鄂室人何氏墓地"。乡宰者，乡绅也。碑亭两侧刻有墓志铭，风化严重，落款为"万历二十六年二月初十"。

图3-101　刘万鄂墓碑牌楼　图3-102　刘万鄂墓赑屃底座

神道两侧有圆雕石狮，双斗石桅杆。如此精美的的明代墓葬在整个四川地区也属罕见。

三、初步认识

通过实地调查，我们对荔枝古道洋巴段的路线走向及沿线遗存情况有了更深的了解，也得出了一些初步认识。

荔枝道是川陕蜀道的重要组成部分，其并非专为杨贵妃"贡荔"而开辟，但确因贵妃而疏通并繁荣一时。唐以后，荔枝道逐渐沦为民间商道，地位下降，重要性大不如前，显然不及金牛道等川陕交通干线。因此荔枝古道本体及沿线遗存保留较少，且不成系统。

蜀道调查不应该仅仅着眼于某一段古道本体，而忽视与其相关的遗迹遗物。须以宏观的视角来审视和研究古道。荔枝道沿线现存遗迹中以明清遗迹居多，既有古道、桥梁，亦有寨堡、民居、墓葬、石刻、寺观等相关遗迹以及场镇、村落。尤其是数量众多的明清寨堡和民居建筑，为研究唐代以后荔枝道的兴衰变迁以及由此带来的各方面影响提供了宝贵的实物材料。《紫云平植茗灵园记》就是一篇值得重视的茶史文献。

荔枝道沿线各地区的经济文化面貌除受各地社会经济发展水平影响外，还受到地理因素（尤其是大山阻隔）的影响。地理因素除了影响古道路线选择和走向外，还深刻影响着古道沿线不同区域的文化交流。如镇巴与西乡，仅一山之隔，但两地在文化面貌上却呈现出迥异的特点。

古代荔枝道的开辟在一定程度上促进了沿线区域的经济开发和社会发展。但随着荔枝道本身的衰落，古道沿线社会经济发展也受到了极大限制，特别是荔枝道洋巴段途经的秦巴山区，一直以来都比较贫困。现如今国家经济文化建设高速发展，荔枝道沿线可充分借助乡村振兴之大势，完善区域内交通设施建设，促进沿线经济文化发展。我们认为，可沿古道线路修建沟通涪陵至镇巴、汉中的高速公路或高铁，使之成为新时代的荔枝道，这也是荔枝古道给我们的重要启示。

第四章

阴平道

一、概况

　　阴平道是连接陇蜀两地的重要通道，在历史上曾名左担道①。三国时期，因邓艾由阴平道入川伐蜀名扬天下。阴平道承担着巴蜀地区与甘陇地区联系的重要任务，在促进陇蜀经济文化交流、维护国家稳定等方面起到了重要作用。南宋时期的川茶换马、明初傅友德入川定蜀皆发生在本区域。同时阴平道沿线广泛涉及少数民族聚集区，道路的畅通与否事关国家稳定和民族团结。

　　由于阴平道地处秦巴山区和青藏高原交汇区域，是高山峻岭与峡谷盆地并存的复杂地形，海拔整体较高。山脉多由板岩、页岩等构成。陡峭高耸、河谷深切，不易攀登。特殊的地势地形，使得阴平道在筑路过程中多沿河谷延伸，架栈道前行，是蜀道中较为艰险的一条驿道。

　　更为确切地讲，阴平道是一张由正道和偏道、支线、延长线组成的交通网络，以阴平正道和阴平偏道为主，最终延伸到甘陇地区各个区域。阴平正道从武都沿白龙江岸南下，在阴平桥头与文县沿白水江支线汇合，再沿江边过白水关、宝轮到昭化，并入金牛道入川。阴平偏道从文县沿白水江至阴平桥头，折西南翻越摩天岭，沿青溪河至青溪，再至南坝（江油关），过江油、绵阳至成都。

　　阴平道与今陇南至文县的部分国道及文县至昭化的国道重合，充分体现出了古人在阴平道路线选择上的智慧。阴平道途经区域自古山高谷深，人烟稀少，同时，古今道路重合，现代道路以机械开山，对阴平道沿河而行、遇崖搭栈的古路线形成了较大的破坏，所以阴平道保存下来的相关遗存不多，远不及

---

① 　（明）曹学佺撰，杨世文校点：《蜀中广记》卷10引《益州记》，上海古籍出版社，2020年，第119页。

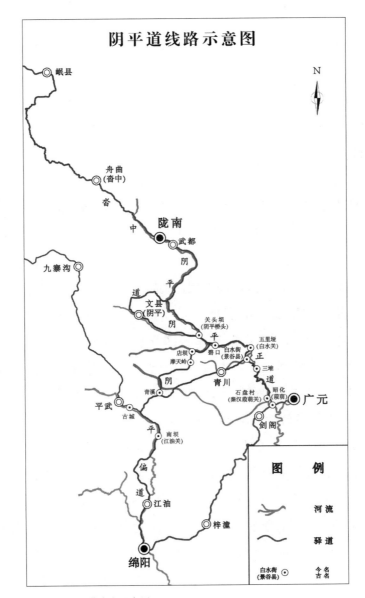

图4-1　阴平道路线示意图

金牛道丰富。

2017年8月和2018年8月，课题组分两次对阴平道开展调查，涉及江油、平武、青川、昭化、文县、武都等地，基本摸清了阴平道主要线路的走向及沿途相关遗址遗迹分布、保存和年代等情况。

二、重要遗存介绍

根据调查情况，阴平道主路线相关遗存可分为六类。

古道本体。包括险崖栈道、阴平栈道、摩天岭古道、阴平桥等。

关隘。阴平道沿线关隘较多，包括火烧关、玉垒关、江油关等。

图4-2 阴平道沿线重要遗存分布示意图

古城。包括文州故城、广武故城、雍村城等。

古镇。阴平道沿线兴起的商贸聚落，包括碧口古镇、青木川古镇等。

古建筑。包括文县文昌宫、平武报恩寺等。

石窟寺及摩崖造像。阴平道是石窟寺传播的一条重要通道，留下了绵阳平阳府君阙、玉女泉和碧水寺等石窟寺及摩崖造像。

碑刻题记。包括万象洞题刻、重修栈道碑和御笔手诏碑。

以下分类介绍。

（一）古道本体

1.险崖栈道

险崖栈道位于陇南市武都区桔柑乡陈家坝村。阴平道自武都沿白龙江河谷地带前行至此，须修建栈道翻越险崖通行。险崖位于白龙江东岸，山体南北走向，由龙床沟向南沿白龙江延续500余米，可以说是阴平道极为险要的一段。自曹魏至明清时期一直沿用不辍，并多次维修。同治九年（1870），阶州（今武都）守备洪惟善见到险崖栈道凭空架栈，经常出现事故，所以凿壁修碥道，宽八尺，长三里[①]。现存的栈道桩与栈道孔应该是同治之前修建的。2016年被公

图4-3　险崖栈道附近地理形势（1）

图4-4　险崖栈道附近地理形势（2）

---

① （清）叶恩沛修，吕震南纂：《阶州直隶州续志》卷12，清光绪十二年刻本，第266页。

图4-5　陈家坝险崖栈道局部

布为省级重点文物保
护单位。

险崖栈道现存遗
址位于高出白龙江河
床20～30米的绝壁之
上，残留石桩孔200
多眼。桩孔方形，边
长约10厘米、深15厘
米。现存一定数量的
栈道桩，为坚硬的岩
石打磨而成，切面呈

图4-6　险崖栈道调查工作照（左起罗洪彬、李修正、邱瑞强、蒋晓春）

方形，边长15～20厘米，伸出崖壁的长度20～150厘米。险崖栈道之所以采取
较难加工的石柱作为栈道桩，除考虑到安全因素外，更重要的是本地区植被稀
疏，没有大量合适的树木使用。从栈道桩的形制可以看出甘陇和巴蜀两地区在

地理环境和气候上的区别很明显，这也造成了两地古道本体及沿线文化风貌的差异。

2.阴平栈道遗址

阴平栈道周家坝至金口坝段遗址分布在陇南市文县尚德镇周家坝至横丹乡金口坝的山体半腰处，地处文县白水江下游北岸，总长约15公里，大致呈东西走向。此区域江水湍急，两侧山峰林立，多高百余米的横向山脉，仅能通过栈道连接通行。横向山脉之间存在部分平坦区域，适宜人口生存，形成聚落，阴平道在此通过时，一般是在横向山脉处搭建栈道，与平坦区域串联起来，沿白水江边蜿蜒前行。2017年公布为省级文物保护单位。

文县至昭化的国道基本是沿古阴平古道修建的，在修建过程中，不可避免地对古栈道遗址造成了破坏。国道通行车流较大，加之蜿蜒曲折，不易找到停车点位，使得考察存在较大的难度，不能长时间停留，仅发现栈道遗址4处，栈道孔10余个。甘肃省文物局官网公布阴平栈道遗址现存4处，方形栈孔40余个。

虽然周家坝至金口坝段发现的遗存较少，但是结合相应的地形地势分析，可以判断阴平道在此通过的路径，对研究古代陇蜀地区军事、交通、经济等有重要价值。

图4-7 阴平道周家坝至金口坝段地貌

图4-8　周家坝附近地形

3.阴平桥遗址

阴平桥遗址位于陇南市文县玉垒乡关头坝白龙江和白水江交汇处上游，横跨白龙江。《水经注》载："（白水）又东北迳桥头……白水又与羌水合"[1]，"羌水又东南流至桥头，合白水，东南去白水县故城九十里"[2]。此处所指的桥头即阴平古桥。阴平桥的历史可以上溯到三国时期的邓艾伐蜀之役，魏将诸葛绪在此守桥断姜维后路，对姜维形成合围之势。后邓艾由此通过，翻越摩天岭进入巴蜀腹地。明初傅友德伐蜀，亦从此桥上通过。

阴平古桥为伸臂式廊桥，加长的圆木横卧在两岸桥墩上，桥身为长廊形阁楼，有脊檐、廊杆，桥身两端有桥亭，桥底以握臂横木为支撑。阴平古桥多次毁坏与重建，盖因白龙江江面过宽，水流湍急，以当时的科技水平难以将桥修建牢固。仅清代时期，阴平古桥在康熙、雍正、乾隆、同治、光绪年间均有

---

① （北魏）郦道元著，陈桥驿校证：《水经注校证》卷20，中华书局，2019年，第464页。
② （北魏）郦道元著，陈桥驿校证：《水经注校证》卷20，中华书局，2019年，第724页。

图4-9　阴平桥遗址

毁坏与重建的记载。[①]清咸丰六年（1856），改建成玉垒关铁索桥，铺木板。1949年，国民党部队为了阻止解放军南下，用汽油浇在桥上将其焚毁。20世纪70年代，修建碧口水库，阴平桥遗址淹没于湖底。桥头曾有文县名儒韩定山亲笔书写"阴平桥头"四字匾额。清宣统三年（1911），文县县令李汉光与名儒程天锡唱和出联曰：

此处是阴平古迹，在长江独据上游，天险地险竟何凭，历代几人能固守。

高空望玉垒浮云，挽白水控扼咽喉，南流北流浇灌注，霓虹倒影指通津。

4.摩天岭古道及关口

摩天岭位于米仓山西脉，地处甘肃南部文县与四川北部青川县交界地带，山峰雄峻、峭壁紧锁，是阴平古道上的重要关口。阴平道山路崎岖，尤以摩

① （清）昇允、长庚：《甘肃新通志》卷9，清宣统元年刻本，第1498页。

天岭最为险要。摩天岭南距青溪古镇直线距离约18公里，旅游公路可通山下，山脚至岭上修建石板步道。由于开发旅游，新修了大量公路和步道，古道遗存保存较差。由于公路及步道路线与古道基本重合，脉络基本清晰。自青溪北至摩天岭，皆沿河谷而行，两岸崖壁陡峭，遮天蔽日，途中至今仍保留有阴平村、落衣沟、点将台、裹毡亭等地名或景点。

摩天岭北部为甘肃文县地界，岭北坡度较之岭南更险陡，且深谷沟壑纵横，地形亦更复杂，因此道路蜿蜒曲折，极为险要。由于摩天岭北部尚

图4-10　摩天岭南侧阴平古道入口

图4-11　摩天岭南侧旅游步道

图4-12 "邓艾过此"题刻

未开发旅游，道路保存相对原始，但近年来山体滑坡频发，为保障安全，岭北区域不对公众开放，故调查组未能深入。

摩天岭是川、甘两省之界山，并非某一山峰之特指，而是一系列山岭的总称。此处群山高耸入云，天堑难越，唯在摩天岭关口处形成一道天然豁口，成为阴平道入蜀的最佳位置。鉴于独特的战略位置和险绝的地理形势，此处成为锁钥川甘的重要关口，为历来兵家必争。三国时，邓艾即越此岭而过偷渡阴平，一举灭蜀，岭南之裹毡亭、落衣沟等地名皆源于此次

图4-13 裹毡亭

图4-14　摩天岭关口

图4-15　从摩天岭远看甘肃群山

图4-16 摩天岭红军战斗遗迹

图4-17 摩天岭北侧古道调查工作照

历史事件。1935年，红四方面军曾在此与国民党军队激战，至今摩天岭关口一侧仍保留有红军遗留下的战壕。解放战争时期，中国人民解放军也是从甘肃翻越摩天岭进入四川境内，解放了青川等地。

（二）关隘

1.火烧关遗址

图4-18 火烧关地形

火烧关遗址位于陇南市文县城关镇滴水崖村，遗存柱孔在关家沟东西崖壁上。火烧关修建于明万历十四年（1586），关隘两侧为悬崖峭壁，高数十米，呈南北走向，全长40多米，东侧有小溪水流过，是阴平道入文县的一道天堑。目前为省级文物保护单位。

火烧关两侧崖壁分布有大量方形柱孔，现存柱孔最上排距沟底高约15米。现存南、北两组柱孔，共计69个。东面崖壁现存柱孔五排，共60个，自上而下，第一排7个，第二排13个，第三排16个，第四排16个，第五排8个。西面崖壁现存柱孔3排，共7个，自上而下，第一排4个，第二排2个，第三排3个。每孔长约35厘米，高约30厘米，深约20厘米。据以往调查资料，火烧关内有摩崖题刻1幅，上面刻着"万历十四年九月内重修奉本府"。

图4-19　火烧关崖壁方形孔

相传火烧关的命名与宋蒙战争有关。南宋端平三年（1236）蒙古军统帅阔端沿阴平道北上达到火烧关，久攻不下，放火烧关才得以通过。后世文人墨客在此留下了很多咏叹。明代户部郎中李梦阳路过文县，触景生情，赋诗《火烧关》曰："壑螟常留电，山深日酿云。犹存火烧迹，忍读

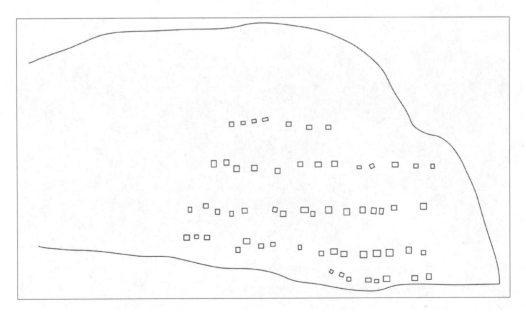

图4-20　火烧关左侧栈道孔分布示意图

图4-21　火烧关栈孔局部

图4-22　火烧关调查工作照

图4-23　火烧关万历年间题刻

卧碑文。地古人烟少，霜寒野色曛。那堪数过此，辛苦欲谁闻。"[1]火烧关南侧有滴水崖瀑布，从高约百米的绝壁上直泻而下，泉水细而湍急，犹如一条白练从天而降。

　　笔者在考察火烧关遗址时，认为柱孔的分布长度仅有十余米且分布极不均

① （清）长赟修、刘健纂：《文县志》卷八，清光绪二年刻本，第621页。

图4-24　滴水崖

匀，与其他地区发现的栈道孔差异甚大。通过地形及名称判断，火烧关应该是阴平道上的一处重要关隘，而非栈道。另从现存柱孔分布看，其作用应该是用于搭建关楼，而非栈道孔。

2.玉垒关遗址

玉垒关遗址位于陇南市文县玉垒乡境内的关头坝和玉垒坪一带，与阴平古桥相邻，白龙江与白水江在此交汇。两岸峭壁，势极陡险，水流湍急，猛浪奔腾，历来是兵家必争之地，杜甫有"玉垒浮云变古今"的吟咏。

三国时期，玉垒关是魏蜀两国争夺的重点。蜀汉建兴七年（229），诸葛

图4-25　玉垒关遗址

亮占取武都、阴平两郡，廖化驻军玉垒关。蜀汉延熙十一年（248），魏将郭淮于今关头坝筑城攻击廖化，此城即郭淮城。后邓艾伐蜀从阴平桥、玉垒关通过。明初傅友德伐蜀也是从此路通过。后人对此歌颂"天开一堑锁咽喉，控制西南二百州"[1]。

20世纪70年代，随着碧口水库的修建，玉垒关、郭淮城、阴平古桥等全部沉入水下。

3. 江油关遗址

江油关遗址位于绵阳市平武县南坝镇摩天岭南侧。原名江油戍，系刘备入川以后，为防备曹操势力越摩天岭南下，于东汉建安二十四年（219）建立的军事要塞。邓艾伐蜀，就是由阴平桥南下翻越摩天岭，奇袭江油关，然后长驱直入，攻克成都。此地也是龙州、江油郡、江油县的治所，目前为市级文物保护单位。

---

① （清）昇允、长庚：《甘肃新通志》卷九，清宣统元年刻本，第1493页。

图4-26　江油关遗址

图4-27　江油关周围地势

江油关群山环抱，面积约1.9平方公里，涪江从中间蜿蜒流淌，东侧的洪溪沟水在此汇入涪江。江油关关口较狭隘，两侧山峰壁立，高数十米，易守难攻。阴平偏道由阴平桥南下翻越摩天岭，因高山峻岭沿涪江河谷南下，因为其特殊的地形地势，江油关是"一夫当关，万夫莫开"的存在。

图4-28　《古龙州》残碑

（三）城址

1.文州故城遗址

（1）西园城址

西园城址位于陇南市文县城关镇西元村，是西魏和唐代曲水县故城遗址，白马峪河在此汇入白水江。西园城址位于两河交汇冲击的南侧半椭圆滩涂地上，面积约0.4平方公里。左右为河谷地带，南北两侧为绵延不绝的山峰。

图4-29　西园城址

图4-30　鹄衣坝

　　现存西园城址为唐武德年间修建的文州曲水县治所。唐大历十四年（779）西戎来犯，城址迁移到东侧高原上，即今文州故城[1]。文州故城所在的鹄衣坝是阴平道上的重要节点，甚至一度被认为是阴平道的起点。故城城墙遗存总长约150米，由黄土与砖石混筑，地基残宽约4米，顶部残宽约2米，残高约4.5米。

　　（2）文州故城

　　文州故城位于陇南市文县城关镇上城，是唐代中后期、宋代及明代的县城城址。故城在今县城西北侧的高原之上，与县城落差百余米，南侧为奔流的白水江，唐大历十四年（779）由西园迁至此处。城址略呈长方形，面积约1.2万平方米。由于故城内有大量居民生活，部分城墙或拆除或包砌为民房的一部分，毁坏较严重。目前为县级文物保护单位。

　　文州故城现存东城墙，残长170米。城墙外立面由黄土夯筑，基宽约14

---

[1]　（清）昇允、长庚：《甘肃新通志》卷十三，清宣统元年刻本，第1884页。

图4-31　文州故城内古建
筑墙体局部

图4-32　文州故城城墙不
同时期叠压情况

图4-33　文州故城城墙
顶部

米，顶宽约9米，残高约8.5米，夯层厚约15厘米。部分城墙可以辨识出跑马道，城墙外立面有5～8度的倾斜度。从剖面看，城墙由三部分组成，里层为唐代所筑，基宽约10米，顶宽约3米。宋代补修加宽，墙基加宽约4米，顶部加宽约6米。明代又在城墙顶部加垛墙，垛厚约65厘米，高约1.7米。

2.广武故城

广武故城位于广元市青川县青溪镇东北，青竹江西北岸一处山间平坝之中，平面略呈靴形。东西长约200米，南北宽约140米，面积约3万平方米。此地是古阴平道上的重要关隘，历来为商贾云集、兵家必争之地。蜀汉建兴七年（229）置广武县于青溪，蜀将廖化在此屯田戍守。目前为市级文物保护单位。

现存城墙为明清时期修建。明洪武四年（1371）改土城为砖砌，清顺治十年（1653）复建城池。城墙仍为砖砌，东西段残长90米，残高约5米，南北段残长约140米，残高约8米。从古城现存城墙看，存在多个时期的修筑痕迹，城墙叠压关系明显，最近一次修复为近年开发旅游时所为。

图4-34 广武古镇东瓮城

图4-35　东瓮城内部结构　图4-36　不同时期修筑城墙痕迹

3.雍村城址

雍村城址位于江油市大康镇旧县村，海拔约530米，是一片山峦与河水围成的半月形平坝，面积约3平方千米。雍村之名源于南宋初期，《江油县志》载："雍繁孙，旧县坝人，绍兴中进士，以文学见重一时，人即名其地曰雍村"①。平通河在此蜿蜒流淌，也被称为雍村河。

南宋理宗宝祐六年（1258），蒙古大军攻占了"三关五州"，蜀口失守，龙州及江油县治由平武南坝迁治于

图4-37　雍村城址地形图

①　武丕文等修，欧培槐等纂：《江油县志》卷十八"人士志"，光绪二十九年刻本。

图4-38　雍村故城调查工作照

图4-39　雍村故城遗址

雍村。时隔不久，蒙古军大举入蜀，龙州投降，雍村作为州、县治所仅存在数月，因此又名旧县坝。经调查，雍村故城遗址地面已经全部改为农田和村舍，当地居民也从未见过城墙之类遗迹。只是在田间地头偶然挖出一些石室墓，据称有雕花，怀疑为宋代墓葬。

（四）古镇

1. 碧口古镇

碧口古镇位于陇南市文县东南部川陕边界上，白龙江与白水交汇之处下游。原名碧峪口、碧霞口，新中国成立前是甘川两省的水旱码头，商贾林立，是阴平道上著名的交通要道。

图4-40　碧口古镇

作为甘陇地区与巴蜀地区的过渡地带，碧口本地的语言、风俗习惯多与巴蜀地区相近，自古就有"碧口不像甘"的说法。乾隆初年，四川至甘肃的码头由下游迁至碧口，成为繁华兴旺的水陆码头。船舶沿白龙江入嘉陵江可直达重庆，货物再转运至长江中下游

图4-41　碧口古镇悬马关码头

地区，成为巴蜀沟通西北地区的交通大动脉。随着水运业的日益兴旺，碧口古镇异常繁华，各地客商在此建馆修宫，作为商人的落脚点，如：三元宫、川主宫、忠义宫、鲁班庙、紫云宫等。一时间工商船帮会馆林立，成为商镇发达的象征。碧口古镇沉淀了浓厚的文化气息，至今仍有大量的古建筑保留了下来。昔日的码头成为坐船游览古镇的游客接待处。

2. 青木川古镇

青木川古镇位于陕西省宁强县西北，因一棵古老的青木树而得名，地处陕、甘、川三省交界之地，自古为陕、甘入蜀要道，是阴平道上的重要商贸重镇和兵家要地。古镇内现存大量明清以来的古建筑群，尤以祠堂、商铺、民

图4-42　青木川古镇俯景

图4-43　青木川古镇街景

居等为代表，保留了老街、关帝庙、回龙寺、辅仁中学、魏辅唐故居等文物古迹，青木川老街建筑群作为整体列入全国重点文物保护单位。2008年汶川特大地震中，青木川古镇遭受了严重破坏，幸在当地政府的全力维护下，镇内古建筑整体风貌得以保留，底蕴仍存。近年随着取材于青木川豪强魏辅唐事迹的电视剧《一代枭雄》的热播，青木川古镇的名声大增，成为川陕甘一带著名的4A级景区。

（五）古建筑

1. 文县文昌宫

文昌宫位于陇南市文县城关镇东坝村，保留大量清代建筑，现为县级文物保护单位。文昌宫始建于宋代，原旧址是杨泗将军庙（民间道教水神，斩龙镇河之功），清康熙八年（1669）重修文昌阁、关帝庙、魁星楼。建筑群为前后两院布局，前院有配殿一座，面阔三间、进深两间，灰瓦硬山顶。中院为文昌阁，上下两层，每层三间，灰瓦硬山顶。后院配殿三座，共七间，南北各三间，东侧一间。

文昌宫墙壁中嵌有宋代《文州太守鲁公祠堂记》石碑1通，长方形，高1.08米，宽1.1米，厚15厘米。首题"文州普明禅院记"，第二行"太守鲁公祠堂记"，碑文楷书竖行27行，尾题"绍兴戊寅十月（阆州何炳文撰）"。字迹多模糊不清。此碑原存普明禅院后院中，同治年间邑庠生张佶于河边发现此碑，迁移至文昌宫中保存。[①]清代《阶州直隶州续志》中保存有《文州太守鲁公祠堂记》原文[②]：

> 太守鲁公牧文之三年，报政有期，邦之军民乐政，先期半年分赍请诸台，投牒借留，未浃日而朝廷已报除代矣。人人咨嗟咏叹，惜其不可挽而驻也，于是相率谋为久其思而不忘者。驻屯军将任喜等就普明精舍立生祠，绘公之像以严事之，且□炳文请记其事。 炳文为之曰：君子欲有立于

---

① （清）昇允、长庚：《甘肃新通志》卷九十二，清宣统元年刻本。

② （清）《阶州直隶州续志》卷三十一，清光绪十二年刻本。

斯世，惟不苟而已，不苟则尽心，尽心则尽物，而所立卓尔不磨矣。詹何之于钓，奕秋之于棋，□之于□，羿之于矢造父之于驭，伯乐之于马，是皆潜精于中，不以万物□吾之精。比其成也，实疑于神。此技也尚不可以苟得，推而上之，及事之大亦莫不然者。子产之为国，管仲之制军，孙吴之谈兵，周孔之立教，虽小大详略之不同，而所谓潜精于中、凝神于外，则未始异也。故凡有苟心者，平居则碌碌无奇，久之则沦湮无闻，是虽欲与一技比而不可得，奚暇议其大？文台居万山中，甘僻一隅，犬牙西夷，其地□□、其民朴野。鲁公至，不鄙夷之，凡一政一事，必讲究根柢，予其同欲而□其同病。□年亢旱，生物将就槁，公乃约食劝分，并慰群望，甘雨即沛。岁大祲，嗣岁之春，民□公请于外台，大发廪以赈之，所活以千计，就食泯沾丐旁郡，雨旸顺叙。是秋大穰，民当谷支数年，军民父老以为未尝有而□归之□太守之德，则其所以致挽留之勤而严奉事之不忘

图4-44　文县文昌宫

者，岂势力之所能驱哉？凡以公之所立，一出于不苟，而民之德公，一出于诚感也。虽然，君子之于名，视之为外物，则是绘事之设，亦公之所不屑也必矣。虽□公之所不屑，而亦民之所不能自已，则绘事之存，正以见父母久久不忘之思耳。公讳安仁，字荣升，雄州人，忠孝明敏，嗜义如饮食，恶不义如恶□。观其所欲立，决非苟然者。先是□聘命公□步军都候宣州观察使伴射，两发皆破的，□□，赐金带彤弓以旌，公之鞍马赏赉良渥，然则□□公之持心不苟，已见弧矢之妙，不特立政为然。自是归环卫、备股肱，推而及太尚，则有所立者必多，实今日为之基本云。

绍兴戊寅十月，阆州贡生何炳文撰。

（六）石窟寺及摩崖造像

1. 绵阳平阳府君阙造像

平阳府君阙又名平杨府君阙，位于今绵阳市科技馆正前方，是我国现存保存最完整的子母双阙，1961年被列为首批全国重点文物保护单位。该阙建于东汉末年至蜀汉时期，由红砂质条石和石板砌筑而成，主阙高5.45米，宽4.05米，副阙高5.29米，宽4.05米，二阙相距约27米。[①]主阙檐枋头上原刻"汉平杨府君叔神道"铭文，今仅存"汉""平"二字。[②]

该阙最为独特之处在于南北朝时期阙身上补刻了大量摩崖造像，共计42龛，有"大通三年"等纪年。平阳府君阙造像值得关注的至少有三点：其一，造像内容多为佛教形象，也有部分道教形象，是我国最早的道教造像之一，具有重要学术价值；其二，造像题刻中出现了"观音"（有"大通三年"纪年）和"光世音"两种称法，是"观音"之名早于唐太宗李世民的实物佐证；其三，其中一阙上线刻帝后礼佛图，很可能表现的是梁武帝礼佛事件，这是我国除龙门宾阳中洞、巩义石窟第一窟外的第三处帝后礼佛图。

---

① 四川省文物管理局编：《全国重点文物保护单位——四川文化遗产》，文物出版社，2009年，第6页。

② 孙华：《四川绵阳平杨府君阙阙身造像——兼谈四川地区南北朝佛道龛像的几个问题》，巫鸿主编：《汉唐间的宗教艺术与考古》，文物出版社，2000年。

图4-45 平阳府君阙"观音"和"光世音"题刻

图4-46 平阳府君阙"帝后礼佛图"

2. 绵阳玉女泉石窟

　　玉女泉摩崖造像位于绵阳市西山公园内，现存隋唐佛道龛窟31龛，分布于玉女泉、子云亭等四个区域。20世纪初，法国学者色伽兰曾对玉女泉造像进行实地调查，调查所获收入其《中国西部考古记》[①]一书中。20世纪80年代以来，四川地区摩崖造像调查与研究进入新的发展阶段，大量学者和科研单位关注并对玉女泉摩崖造像开展实地调查，对其造像属性、题材、年代等问题进行了有益的探讨，取得了不少成果。四川省文物考古研究院、绵阳市文物局编的《绵阳龛窟》对玉女泉石窟进行了详细介绍[②]。

图4-47　玉女泉隋唐道教造像

　　玉女泉摩崖造像中，最引人注目的当属玉女泉区域的隋唐道教摩崖造像。这些道教造像雕刻精美，更可贵的是部分龛窟还有明确的纪年题刻，其中最早一龛为隋大业六年（610）雕凿，属巴蜀地区早期道教造像之精品。

图4-48　玉女泉唐代造像局部

①　（法）色伽兰著，冯承钧译：《中国西部考古记》，商务印书馆，1920年。

②　四川省文物考古研究院、绵阳市文物局：《绵阳龛窟》，文物出版社，2010年。

这些纪年龛窟无疑是巴蜀地区隋唐道教摩崖造像的断代标型器，为研究道教在四川地区的传播和发展提供了重要的实物材料，具有重要的研究价值。

3.绵阳碧水寺石窟

碧水寺摩崖造像位于绵阳市游仙区绵山路碧水寺内，造像分布于寺内涪江东岸的崖壁上，现存25龛。碧水寺摩崖造像以唐代摩崖造像为主，雕刻技艺高超，内容题材多样，包括一佛二弟子二菩萨、阿弥陀佛与五十二菩萨、石刻佛经等。《绵阳龛窟》一书有详细介绍。碧水寺摩崖造像与玉女泉摩崖造像均位

图4-49　碧水寺摩崖造像局部

图4-50　碧水寺石刻佛经

于绵阳市区，是研究隋唐以来绵阳地区佛道文化发展的重要实物遗存，具有突出的研究价值。

（七）碑刻题记

1. 万象洞碑刻

万象洞位于甘肃省陇南市武都区汉王镇杨庞村岷山山脉的半山腰，距市区10公里，海拔1150米，高出白龙江190米。该洞已有2.5亿至3亿年的历史，是中国西北地区发现的一处规模宏大、艺术价值高的坍塌成因岩溶地貌，分为月宫、天宫、龙宫三大洞天，内部钟乳石形态各异，时有水珠自洞顶滴落，较潮湿。

图4-51　万象洞

洞内现存历代石刻八方、碑两通，墨笔题记一百多方，诗词近千首，大多出自不同时期各地方官员及各界名流之手。最

图4-52　万象洞题刻

早的题刻是北周建德三年（574）朝廷出巡大使武定公贺娄慈的勒石题字，南宋时期抗金名将吴挺及元代李思齐都在此留有墨迹。万象洞碑刻目前为省级文物

图4-53　万象洞墨书

图4-54　万象洞洞内场景

图4-55　万象洞门口远望
武都

保护单位。

2. 御笔手诏碑

御笔手诏碑又名御敕封二郎神碑，位于绵阳市平武县南坝镇古龙村东500米，原立于龙州营坝二郎庙内。碑文为宋徽宗祭祀二郎神时为弘扬道教在京都万寿宫下的"圣诏"。南宋乾道年间龙州知州史祈为彰显二郎神的功绩，将拓片带回勒石，字迹颇似宋徽宗赵佶瘦金体。目前为县级文物保护单位。此外在广东韶关曲江区、山西太原市、山东泰安东平县等地均有关于宋徽宗政和年间雕刻御笔手诏碑的记载。

碑刻现位于新修的碑亭之中，碑身为青砂岩，断为3截，碑面下部脱落严重。20世纪80年代曾对碑身加固处理。碑体高4.05米，宽1.2米，厚30厘米，碑额圆形，

图4-56 御笔手诏碑

为水泥覆盖，高1.35米，宽1.2米，厚30厘米。碑文587字，能辨认者165字。碑身两侧有卷草纹边饰。碑额刻二龙戏珠浅浮雕。碑文楷书16行，字径4厘米，字距1厘米，行距1.5厘米。碑文已经有所磨损，部分字迹较清晰。

三、初步认识

通过两次对阴平道的实地调查及对其文献的梳理，对阴平道的路线走向及其沿线遗存有了基本了解，在此提出一些初步认识。

第一，阴平道是连接陇蜀的重要通道，是蜀道的重要组成部分。阴平道因道路本身过于险阻，需要连续通过栈道翻越悬崖深谷，因此在实际利用率方面

远不及金牛道和米仓道。但这条古道却因军事奇谋而闻名天下，如曹魏时期的邓艾伐蜀、明初的傅友德定蜀都是从甘陇出发沿阴平道入川，消灭蜀地政权。但是，阴平道绝不仅仅是用兵奇道，它还是南北交流以及佛教等文化传播的重要通道，它连结西北与巴蜀，沟通了西南丝绸之路、长江水道与西北丝绸之路、唐蕃古道，具有重要的历史地位和丰富的文化内涵。

第二，阴平道受多种原因影响，道路本体保存较少，但遗迹类别众多，文化内涵丰富，尤其是少数民族和宗教遗存，是统一多民族国家文化多样性的重要物证材料。

第三，相较于蜀道其他线路，特别是金牛道而言，阴平道受到的关注较少，甚至一度被排斥在蜀道之外，相应的调查研究成果也很少，亟须加快实地调查并开展综合研究。

第五章

蜀道考古的回顾与展望

一、蜀道考古的回顾

对蜀道进行现代学术意义上的考古调查，始于20世纪中叶，既有文物考古学者的调查，也有历史地理学者的踏勘。陕西和四川两省文物、考古等单位和学者，分别对陕西、四川境内的蜀道重点文物的点位分布及相关情况作了较系统地梳理，特别是《中国文物地图集》之《陕西分册》①和《四川分册》②集中反映了这些成果。刘庆柱、王子今主编的《中国蜀道》中专辟一卷介绍蜀道文化遗存的调查成果，是目前所见涉及蜀道文化遗存较全面者。但该书以北四道遗存为主，南三道遗存介绍较简略③。李之勤等考察蜀道，沿线而行，撰写《蜀道纪行》④，后又撰有《蜀道话古》⑤一书；剑阁县文管所黄邦红跋涉蜀道两月，撰写《蜀道考察拾零》⑥；蓝勇《四川古代交通路线史》也大多在考察基础上结合文献研究而成⑦。

整体而言，学界对蜀道北段诸道的调查研究开展较早，成果亦较丰富，其中以陕西境内褒斜道、石门石刻及子午道等调查研究相对深入，形成了一系列成果。如黄盛璋《褒斜道与石门石刻》⑧，韩伟、王世和《褒斜道石门附近栈

① 国家文物局主编：《中国文物地图集·陕西分册》，西安地图出版社，1998年。

② 国家文物局主编：《中国文物地图集·四川分册》，文物出版社，2009年。

③ 刘庆柱、王子今主编：《中国蜀道》第4卷《文化遗存》，三秦出版社，2015年。

④ 刘庆柱、王子今主编：《中国蜀道》第7卷《科学认知》，三秦出版社，2015年，第97~136页。

⑤ 李之勤、阎守诚、胡戟：《蜀道话古》，西北大学出版社，1986年。

⑥ 黄邦红：《蜀道考察拾零》，《四川文物》1988年第1期。

⑦ 蓝勇：《四川古代交通路线史》，西南师范大学出版社，1989年。

⑧ 黄盛璋：《褒斜道与石门石刻》，《文物》1963年第2期。

道遗迹及题刻的调查》①，程学华《褒斜道连云栈南段调查简报》②，秦中行、李自智、赵化成《褒斜栈道调查记》③，李烨《武关驿栈道遗址研究》④，杨连富《褒斜栈道武休关位置初探》⑤，孙启祥《北魏"回车道"考疑》⑥，冯岁平《武休古关今尚在？——结合于文献考索与田野踏勘》⑦，陈显远《褒斜栈道中几个重要地名考订》⑧及王子今、周苏平《子午道秦岭北段栈道遗迹调查简报》⑨等。赵静《陕西秦蜀古道遗产》是关于陕西境内蜀道遗存调查较全面者⑩。2019年，宝鸡市考古研究所基于考古调查成果，先后编著出版图文并茂的《褒斜道——陈仓古道调查报告之一》⑪《故道——陈仓古道调查报告之二》⑫两本考古报告，是目前所见关于褒斜道及故道考古调查较为详尽之考古报告。

　　近年来，关于陇蜀古道的调查研究成果逐渐增多，2015年10月，甘肃徽县举办了"陇蜀古道——青泥道"学术研讨会，这是学界首次以陇蜀古道为研讨主题的学术会议，汇聚了全国各地60余位蜀道研究专家。会后出版了《陇蜀古道——青泥道研究论文集》⑬，共收录陇蜀古道、青泥道及蜀道相关研究论文45篇，涉及陇蜀道沿线文化遗存调查及研究，古道线路、节点及历史变迁考证，古道沿线文化资源价值及其利用，以及相关历史人物与历史事件研究等多

① 韩伟、王世和：《褒斜道石门附近栈道遗迹及题刻的调查》，《文物》1964年第1期。

② 程学华：《褒斜道连云栈南段调查简报》，《文物》1964年第11期。

③ 刘庆柱、王子今主编：《中国蜀道》第7卷《科学认知》，三秦出版社，2015年，第233~241页。

④ 刘庆柱、王子今主编：《中国蜀道》第7卷《科学认知》，三秦出版社，2015年，第243~252页。

⑤ 杨连富：《褒斜栈道武休关位置初探》，汉中市博物馆编：《石门——汉中文化遗产研究（2010）》，三秦出版社，2011年，第24~28页。

⑥ 孙启祥：《北魏"回车道"考疑》，《汉中师范学院学报》（社会科学版）2003年第4期。

⑦ 冯岁平：《武休古关今尚在？——结合于文献考索与田野踏勘》，《陕西理工大学学报》（社会科学版）2019年第6期。

⑧ 陈显远：《褒斜栈道中几个重要地名考订》，《成都大学学报》（社会科学版）1989年第1期。

⑨ 王子今、周苏平：《子午道秦岭北段栈道遗迹调查简报》，《文博》1987年第4期。

⑩ 赵静：《陕西秦蜀古道遗产》，三秦出版社，2015年。

⑪ 宝鸡市考古研究所编著：《褒斜道——陈仓古道调查报告之一》，科学出版社，2019年。

⑫ 宝鸡市考古研究所编著：《故道——陈仓古道调查报告之二》，科学出版社，2019年。

⑬ 张承荣等主编：《陇蜀古道——青泥道研究论文集》，四川大学出版社，2016年。

个方面，是目前所见关于陇蜀古道调查研究最全面的成果集。此外，部分高校研究生亦以陇蜀古道为研究对象撰写学位论文，如魏晴晴《汉魏时期陇蜀古道研究》[①]等，进一步推动了陇蜀古道的调查研究。

相较于蜀道北段而言，蜀道南段诸道之调查研究开展相对较晚，但近年来渐成学术热点，成果迭出，其中以金牛道、米仓道的调查研究成果较为深入。早在1953年7月，为配合宝成铁路建设，宝成铁路文物古迹保护委员会在昭化宝轮院北面屋基坡山麓一带发掘清理了20座崖墓[②]；次年6月至7月，又发现并发掘了昭化宝轮院战国至汉代船棺墓地[③]，此次考古工作可视作蜀道南段沿线考古发掘工作之开端。但此后蜀道沿线少有考古工作开展，至1981—1985年，结合第二次全国文物普查，以及《四川省志·文物志》[④]《中国文物地图集·四川分册》等工具书的编撰工作，四川省文物部门对包括金牛道在内的蜀道沿线文物资源进行了较系统的梳理摸排，但资料较为简略，且未形成线性遗产概念。其后，四川省文物管理局、四川省文物考古研究院、北京大学、四川大学等单位对金牛道广元、绵阳段沿线的千佛崖、皇泽寺，剑阁鹤鸣山，绵阳西山院、碧水寺等佛道石窟造像进行了调查，发表了一系列论著和内容总录[⑤]，但皆偏重于石窟寺遗存方向，未涉及其他文化遗存。2009年，四川省文物考古研究院对金牛道千佛崖段遗址进行了保护性发掘工作，相关成果刊布于龚静秋、王洪燕《广元千佛崖金牛道遗址发掘记》一文中[⑥]。2011年，该院又先后两次对蜀道广元段进行考古调查，涉及蜀道沿线的215处文物点，重点踏查了广元段

①　魏晴晴：《汉魏时期陇蜀古道研究》，硕士学位论文，兰州大学，2017年。

②　四川省博物馆编：《四川船棺葬发掘报告》，文物出版社，1960年。

③　张彦煌、龚廷万：《四川昭化宝轮院屋基坡崖墓清理记》，《考古》1958年第7期。

④　四川省地方志编纂委员会：《四川省志·文物志》，四川人民出版社，1999年。

⑤　四川省文物管理局等编：《广元石窟内容总录·皇泽寺卷》，巴蜀书社，2008年；四川省文物管理局等编：《广元石窟内容总录·千佛崖卷》，巴蜀书社，2014年；四川省文物考古研究院、绵阳市文物局：《绵阳窟龛——四川绵阳古代造像调查研究报告集》，文物出版社，2010年。

⑥　龚静秋、王洪燕：《广元千佛崖金牛道遗址发掘记》，汉中市博物馆编：《中国蜀道学术研讨会论文集》，三秦出版社，2014年，第483～490页。

30处文物点，调查结果刊布于《蜀道广元段考古调查简报》一文中①。2015—2016年，四川省文物考古研究院再对金牛道广元段进行调查，新发现部分文化遗存②。2018—2020年，四川省文物考古研究院对金牛道沿线部分重要石刻文字进行了拓片，后出版《蜀道石刻题记》③一书，但仅刊布少量拓片，且无释文。2017年6月9日，2017年蜀道申报世界文化遗产和自然遗产国际研讨会在广元召开。会前，联合国教科文组织及与会专家们对金牛道沿线的七曲山大庙、拦马墙、昭化古城、松宁桥、明月峡、千佛崖、皇泽寺等重要文化遗存进行了实地调查。

20世纪80年代后期以后，米仓道愈受关注，间有调查成果发表，如陈显远《米仓道考略》④，蓝勇《米仓道的踏察与考证》⑤，李烨、余忠平《米仓道考察记》⑥，梁廷保《古米仓道考》⑦，王子今《"米仓道""米仓关"考》⑧等。为配合蜀道"申遗"工作，2012年3月，四川省文物考古研究院邀请历史、地理、交通史、考古学、地方文史等方面的国内知名专家，组织30余人的考察团队调查米仓道，共调查米仓道沿线文物点230余处，与古道直接相关者约100处，新发现15个文物点，部分调查日志及照片刊布于《险行米仓道》一书中⑨。同年10月，全国政协文史和学习委员会组织了米仓古道的实地调研。此外，白云翔等《四川通江县汉壁道调查简报》⑩，任江、王婷等《四川南江县

① 四川省文物考古研究院、西安美术学院中国艺术与考古研究所：《蜀道广元段考古调查简报》，《四川文物》2012年第3期。

② 四川省文物考古研究院、北京大学考古文博学院、剑阁县文物管理所：《明清金牛道剑阁段调查简报》，《四川文物》2023年第5期。

③ 四川省文物考古研究院、四川省艺术研究院编：《蜀道石刻题记》，四川人民出版社，2017年。

④ 陈显远：《米仓道考略》，《文博》1988年第1期。

⑤ 蓝勇：《米仓道的踏察与考证》，《四川文物》1989年第2期。

⑥ 李烨、余忠平：《米仓道考察记》，《文博》1994年第2期。

⑦ 梁廷保：《古米仓道考》，《四川文物》2001年第3期。

⑧ 王子今：《"米仓道""米仓关"考》，《宝鸡文理学院学报》（社会科学版）2018年第5期。

⑨ 四川省文物考古研究院、巴中市文化广播影视新闻出版局、巴中市文物局编著：《险行米仓道》，四川大学出版社，2013年。

⑩ 四川省文物考古研究院、巴中市文物管理所、通江县文物管理所：《四川通江县汉壁道调查简报》，《四川文物》2016年第4期。

太子洞遗址调查简报》①《四川南江米仓道调查简报》②等成果亦刊布了米仓道沿线部分重要文化遗存信息；四川省文物管理局、成都市文物考古研究所、巴中市文物局等单位对米仓道沿线的石窟寺遗存进行了调查③，刊布了一系列调查研究成果和内容总录等，为今后更全面的考古调查和研究奠定了基础。

　　相较于金牛道和米仓道而言，荔枝道、阴平道的考古工作相对滞后。2015年3月，四川省文物考古研究院组织16位考古学、交通史方面的专家学者对荔枝道万源、宣汉两地开展实地调查，发现了多处唐宋时期的文化遗存④，后出版《踏查达州古道》⑤一书，但仅公布了考察过程中的部分调查日记和图片资料，荔枝道本体及沿线文化遗存信息仍不明晰。部分学者亦撰文考证荔枝道史事及遗存，如郭声波、周航《"荔枝道"研究三题》⑥等。四川省文物考古研究院、达州市博物馆编《四川散见唐宋佛道龛窟内容总录·达州卷》⑦一书中亦涉及达州境内荔枝道沿线部分石窟造像的调查成果。2020年以来，青川县文物管理所对县域内阴平道遗存进行了考古调查，相关成果集中体现在《四川青川县阴平道考古调查简报》⑧一文和《古道秘踪——古蜀道青川段考古调查》⑨一书中。

---

① 四川省文物考古研究院、巴中市文物管理所、南江县文物管理所：《四川南江县太子洞遗址调查简报》，《四川文物》2012年第6期。

② 四川省文物考古研究院、巴中市文物管理所、南江县文物管理所：《四川南江米仓道调查简报》，《文物》2013年第9期。

③ 四川省文物管理局等编：《巴中石窟内容总录》，巴蜀书社，2006年；巴中市文管所、成都市文物考古研究所：《巴中石窟》，巴蜀书社，2003年；程崇勋：《巴中石窟》，文物出版社，2009年；巴中市巴州区文物管理所编撰：《巴中石窟——唐代彩雕艺术》，浙江摄影出版社，2008年。

④ 吴晓玲：《荔枝道万源考古发现唐宋遗存》，《四川日报》2015年3月14日。

⑤ 四川省文物考古研究院、达州市文体广电新闻出版局编著：《踏查达州古道》，四川大学出版社，2017年。

⑥ 郭声波、周航：《"荔枝道"研究三题》，《四川师范大学学报》（社会科学版）2018年第2期。

⑦ 四川省文物考古研究院、达州市博物馆编：《四川散见唐宋佛道龛窟内容总录·达州卷》，文物出版社，2016年。

⑧ 青川县文物管理所：《四川青川县阴平道考古调查简报》，《四川文物》2021年第5期。

⑨ 李蓉、唐志工、黄家祥：《古道秘踪——古蜀道青川段考古调查》，巴蜀书社，2023年。

二、蜀道考古的展望

蜀道沿线现存大量历史文化遗存，其数量巨大、类别庞杂，承载了千百年来蜀道的开通、修缮、管理和盛衰变迁，共同构成了蜀道丰富的历史文化内涵，具有突出的文物价值和多学科研究价值。殊为可惜的是，长久以来这些珍贵的历史文化遗存始终缺乏细致、科学、全面、系统的田野考古调查，致使家底不明。尽管川、陕、甘三地文物部门和学者对各自境内蜀道遗存进行过局部调查和研究，但主要集中在陕西境内的北段四道，四川境内的南段三道仅有零星考古调查成果刊布，且主要集中于金牛道广元段、米仓道南江段，其他区域的考古调查工作相对滞后。总体而言，尽管目前蜀道研究风潮渐盛，但蜀道本体及相关文化遗存尚未受到足够重视，除少量调查简报外，针对蜀道本体及相关文化遗存的田野考古工作和学术研究还停留在较粗浅和笼统的层面。已有的考古调查成果，亦因无科学、规范的方法论指导和统一的编写体例而详略不一，不利于形成整体而全面的蜀道考古报告。蜀道，特别是蜀道南段三道道路本体及相关文化遗存的存量、类型、保存现状、年代与分期、路线选址及变迁、历代养护和新建、修复等问题仍笼统模糊，未有科学的数据统计，蜀道文化遗存的家底不明，极大地限制了相关研究的深入，实为蜀道研究之一大遗憾。因此，根据考古学学科发展情况，高标准制定统一的工作规范，协调陕甘川渝四省市有关部门，开展科学、全面、系统的田野考古调查，并在此基础上进一步深化和拓展蜀道研究已是当务之急。

道路的产生与人类的起源同步，与人类文化、文明的发展息息相关，其中一些道路因走的人多、延续时间长而成为古道。长期以来，古道的研究很受历史、地理、旅游各界重视，成果也不少。但遗憾的是，针对古道的考古工作并不多，制约了研究的深入。通过查阅文献，我们了解到，比较重要的古道考古调查，除蜀道外，还包括黄河古栈道①、秦直道②、唐蕃古道③、清沟道④、江津南部古道⑤、川盐古道⑥、清流关古道⑦、西京古道⑧、湘黔滇古道⑨等。近些年，考古部门对部分古道开展了一些发掘工作，包括秦直道、邛崃古道⑩、函谷关古道⑪等。总体来看，调查、发掘的对象还比较少，考古方法也还有待完善。

2023年9月2日，国家文物局在广元主持召开了由川陕甘渝文物主管部门及相关专家参加的蜀道保护利用座谈会，会议明确要提高政治站位，认真学习领会习近平总书记关于蜀道的重要指示精神，系统学习党的十八大以来习近平总书记关于文物考古、文化遗产的系列重要论述以及习近平生态文明思想，汇聚各方力量，统筹推进蜀道调查研究和保护利用工作。2023年底，《考古中国：蜀道工作计划（2024—2028年）》获得国家文物局批准，2024年3月1日，"考古中国"蜀道考古研究项目启动会在四川省剑阁县召开。如今，新一轮的考古大幕已经拉开，昭示着蜀道考古的春天已经来临。

---

① 中国科学院考古研究所：《三门峡漕运遗迹》，科学出版社，1959年；张庆捷、赵瑞民：《黄河古栈道的新发现与初步研究》，《文物》1998年第8期；李百勤：《垣曲安窝黄河古栈道调查》，《山西省考古学会论文集》，山西古籍出版社，2000年。

② 张在明、王有为、陈兰、喻鹏涛：《岭壑无语——秦直道考古纪实》，陕西师范大学出版社，2018年；张在明、喻鹏涛：《陕西秦直道遗址调查发掘简报》，《秦汉研究》2015年00期。

③ 王婷、李宏、土登若巴等：《四川石渠县新发现吐蕃石刻群调查简报》，《四川文物》2013年第6期；赵建兰：《重走唐蕃古道 探寻未解之谜》，《中国文化报》2014年7月22日。

④ 罗火金、郑卫、张长杰等：《太行古道——清沟道调查报告》，《洛阳考古》2013年第3期。

⑤ 牛英彬、周寅寅、张廷良：《重庆江津南部山区古道路调查及相关问题的研究》，《长江文明》2018年第1期。

⑥ 程龙刚、邓军：《川盐古道的路线分布、历史作用及遗产构成——基于2014－2015年的实地考察》，《扬州大学学报》（人文社会科学版）2016年第4期。

⑦ 倪云、董元亮、郑珊：《滁州清流关古道遗址现状调查研究》，《农村经济与科技》2018年第17期。

⑧ 李衡华：《韶关境内西京古道田野调查成果概述及相关数据分析》，《客家文博》2021年第3期。

⑨ 蔡诗雨：《湘黔滇古道安顺段遗产调查与研究》，《自然与文化遗产研究》2021年第4期。

⑩ 刘雨茂、苏奎、刘守强等：《邛崃市平乐镇古道遗址调查与试掘简报》，《成都考古发现（2005）》，科学出版社，2007年。

⑪ 胡小平、郭九行：《灵宝函谷关发现古道遗迹》，《三门峡职业技术学院学报》2009年第8期。